FRANÇAIS
1000 citations-clés

RÉFORME DU LYCÉE

Marie Cosnay
Professeur certifiée de Lettres modernes

Denis Huisman
Docteur ès Lettres
Président - fondateur de l'EFAP

Nathan

ISBN : 978-2-09-157469-1

MODE D'EMPLOI

Cet ouvrage qui regroupe **1 000 citations**, s'adresse d'abord à tous les candidats au baccalauréat qui auront à rédiger une dissertation de français, mais peut être utile à tous ceux qui passent une épreuve de culture générale.

En début d'ouvrage, des **conseils méthodologiques** vous expliquent comment utiliser au mieux les citations.

Ensuite, les citations sont classées par thèmes réunis dans deux grandes parties :

1. THÈMES GÉNÉRAUX

(société, pouvoir et politique, progrès...)

2. ART ET LITTÉRATURE

(création artistique, l'écrivain, le lecteur...)

Les citations qui ont été choisies sont volontairement *brèves* et *typiques* de façon à ce qu'elles puissent être retenues aisément.

De plus, la plupart sont enrichies d'un commentaire qui facilitera la compréhension et aidera à resituer ces phrases dans leur contexte.

En fin d'ouvrage, un **index des auteurs** cités et un **index des œuvres** d'où sont extraites les citations vous permettront de faire des recherches plus rapidement.

CONSEILS MÉTHODOLOGIQUES

Si certains professeurs ont l'habitude de déconseiller aux élèves l'utilisation de citations, c'est que, souvent, elles ne sont pas employées à bon escient.

Or, l'emploi de la citation répond à des normes, des lois qui lui sont propres et qu'il est nécessaire d'observer.

1. COMMENT CHOISIR LA BONNE CITATION ?

La citation idéale est celle qui vient illustrer ou aider un développement bien argumenté par des idées vraiment originales... Mais toutes les citations ne « parlent » pas de la même manière à chacun. Faites donc un choix des citations qui vous semblent particulièrement éloquentes, qui vous émeuvent personnellement, qui expriment des idées que vous partagez ou, au contraire, que vous contestez : elles seules ont du prix, du poids. Constituez-vous, à partir de cet ouvrage votre propre répertoire de citations.

2. OÙ PLACER LA CITATION ?

Tout l'art de la citation consiste à « l'amener » de telle manière qu'elle arrive à l'endroit précis où elle paraîtra cadrer le plus naturellement avec l'idée exprimée.

Mais attention ! Les citations servent à « étoffer » un devoir. Il ne s'agit pas de faire un catalogue ! Évitez donc d'agglutiner plusieurs citations dans un même paragraphe de la dissertation.

3. COMMENT INTRODUIRE LA CITATION ?

La meilleure façon de présenter une citation consiste à citer le nom de l'auteur en l'insérant dans le texte.

EX. : « *Tous les genres sont bons*, souligne Voltaire, *hors le genre ennuyeux* ».

Ou encore : « *Un roman*, déclare Stendhal, *c'est un miroir que l'on promène le long d'un chemin* ».

En tout cas, proscrire le verbe dire. La langue française est suffisamment riche pour vous permettre de varier les tournures ; utiliser plutôt des verbes tels que : *affirmer, préciser, rétorquer, objecter, opposer, signaler, souligner, avancer, estimer, juger, reconnaître, concéder, proposer*, etc.

Si vous ne citez qu'une partie de phrase (une proposition subordonnée ou quelques mots détachés de cette proposition), vous devrez de la même façon l'introduire, mais cette fois à l'aide d'une proposition principale.

EX. : Victor Hugo nous offre une image insolite du poète, « *les pieds ici, les yeux ailleurs* » (*Les Rayons et les Ombres*).

4. COMMENT CITER ?

Deux cas peuvent se présenter, selon que vous connaissez la citation par cœur ou que, faute de mémoire, vous ne pouvez qu'en résumer le contenu.

Si vous en avez le temps – et le courage – mieux vaut apprendre par cœur.

Quelques règles indispensables

– Utilisez les guillemets en début et en fin de citation.

– Pour un poème, vérifiez toujours que vous avez le bon nombre de syllabes. Un alexandrin compte toujours 12 syllabes ; si ce n'est pas le cas, c'est que vous avez oublié un mot (ou qu'il y en a un de trop !).

– Respectez la disposition des vers, soit en allant à la ligne à la fin de chacun d'eux, soit en marquant cette coupe par une barre oblique.

EX. : « *Partir c'est mourir un peu / C'est mourir à ce qu'on aime* » (E. Haraucourt, *Rondel de l'adieu*).

– Soulignez le titre de l'ouvrage que vous citez.

Si la mémoire vous manque, sachez qu'il vaut toujours mieux résumer que de citer inexactement.

Ce qu'il ne faut pas faire

1. Citer de façon abrupte

C'est à dire sans introduire la citation.

EX. : « *De la musique avant toute chose* » (Verlaine).

2. Oublier de donner la source

Ne jamais donner une citation sans indiquer le nom de l'auteur et le titre de l'œuvre d'où elle est extraite.

Évitez les tournures ridicules du type : « l'illustre dramaturge » ou « le fameux auteur », etc.

REMARQUE : Attention à l'emploi de certains mots ! Racine et Corneille ne sont pas « tragédiens » mais « auteurs tragiques » ; le terme de « drame » peut désigner toute pièce de théâtre, même comique, ou faire référence au genre dramatique (EX. : le drame bourgeois).

3. Être banal ou excessivement original

Entre deux citations d'un même auteur ou illustrant une même idée, mieux vaut choisir celle qui a le plus de chances d'être moins connue. Ne pas citer par exemple d'auteur que personne ne connaîtra, encore moins un auteur de manuel.

Première partie

Thèmes généraux

I. La société

1. La société de consommation

Le luxe

1 « Le luxe corrupteur des civilisations vertueuses. »

M. Loi, *Encyclopaedia Universalis*,
Article « luxe », 1990.

2 « La notion de luxe se rapprochait donc de celle de décadence. Le goût pour le raffinement serait opposé à la naïveté originelle. »

M. Loi, *Id.*

3 « Ce sont tous les jours de nouvelles nécessités qu'on invente, et on ne peut plus se passer des choses qu'on ne connaissait point trente ans avant. »

Fénelon,
Télémaque, 1699.

Fénelon est d'actualité lorsqu'il critique la société que nous appellerions aujourd'hui « de consommation » : les hommes sont toujours tentés par de nouveaux produits qui paraissent indispensables alors qu'ils s'en passaient aisément quelques années auparavant. Il y a là pour Fénelon quelque chose qui choque la morale, car le culte du superflu fait oublier les choses réellement importantes et « profondes. »

4 « Un mal, presque incurable, est le luxe. »

Fénelon, *Id.*

Le mal est incurable car les hommes sont trop habitués à leur nouveau mode de vie, et l'habitude du plaisir ou de la facilité se perd difficilement.

5 « J'aime le luxe et même la mollesse, tous les plaisirs, les arts de toute espèce, la propreté, les goûts, les ornements. »

Voltaire,
Le Mondain, 1736.

On a dit que le luxe corrompait les hommes. C'est vrai qu'il leur rend la vie plus facile et qu'il en fait souvent des oisifs. Or l'oisiveté est toujours suspecte : elle peut mener à la décadence. De plus, les ornements que le luxe rassemble autour de lui (bijoux, beaux objets, maquillage pour les femmes, etc.) sont inutiles et futiles. Voltaire prend ici la défense du luxe (en réponse à J.-J. Rousseau) en ironisant un peu : il aime le luxe, les ornements et la propreté. La propreté est aussi le fruit de cette société que vilipende Rousseau, au même titre que le luxe. Le luxe a amené aussi la propreté aux hommes. La saleté est réservée aux primitifs que semblent chérir J.-J. Rousseau et tous les détracteurs du luxe.

6 « Toute une nation s'accoutume à regarder comme les nécessités de la vie les choses les plus superflues. »

Fénelon,
Télémaque, 1699.

7 « La civilisation organisée, rationnelle, que nous sommes en train de construire, se montre d'autant plus pénible à vivre au point de vue moral qu'elle devient plus riche et plus commode sur le plan matériel. »

J. Onimus,
L'École n° 17, 1973.

Voilà un point de vue moderne sur le luxe : plus l'homme accède facilement au confort matériel, plus il se perd, non pas dans la mollesse ou la décadence, mais dans l'excès d'ordre : il n'a pas le loisir de rêver ou de se tromper. Il n'a peut-être même plus le loisir d'aider son voisin ou de le regarder.

La mode

8 « Il n'y a qu'une chose qui se démode : la mode, et c'est la mode qui emporte le succès. »

P. Reverdy,
En vrac, 1956.

9 La mode : « Chacune étant un effort nouveau, plus ou moins heureux, vers le beau, une approximation quelconque d'un idéal dont le désir titille sans cesse l'esprit humain non satisfait. »

Baudelaire, Critique esthétique,
Le Peintre de la vie moderne, 1863.

Baudelaire explique ainsi le phénomène dandy : un homme suit les modes avec toute son application et beaucoup d'énergie, car c'est une façon pour lui d'approcher un idéal de beauté, que bien sûr il ne pourra jamais atteindre. La recherche de l'idéal s'effectue donc dans le domaine de la beauté physique, ce qui peut paraître vain et futile : mais souvent les apparences extérieures sont un reflet des expériences intérieures.

10 « La mode est une fille à qui sa mère veut survivre. »

L.-P. Fargue,
Sous la lampe, 1929.

La mode en enfante une autre, la nouvelle chasse l'ancienne qui meurt à regret.

11 « Il y a autant de faiblesse à fuir la mode qu'à l'affecter. »

La Bruyère, *Les Caractères*,
« De la Mode », 1688.

Celui qui fuit la mode se situe par rapport à elle tout autant que celui qui la suit à tout prix.

12 « À l'égard des modes, les gens raisonnables doivent changer les derniers, mais ils ne doivent pas se faire attendre. »

Montesquieu, *Mes pensées*, 1899.

Les gens raisonnables ne se précipitent pas sur les nouvelles modes : ils prouvent ainsi que leur esprit est occupé par des choses plus importantes. Néanmoins, ils ne continuent pas trop longtemps de s'habiller à la mode d'autrefois, car alors ils feraient preuve d'affectation ou de marginalité.

13 « La mode domine les provinciales, mais les parisiennes dominent la mode. »

J.-J. Rousseau,
La Nouvelle Héloïse, 1761.

14 « La mode meurt jeune. C'est ce qui fait sa légèreté si grave. »

J. Cocteau, *Le Grand Écart*, 1923.

La mode est éphémère : elle est vite remplacée par une autre. C'est la brièveté de sa vie qui la rend grave, plaisante Cocteau.

15 « Le dandysme [...] est finalement une religion dont le seul sacrement est le suicide. »

M. Butor,
Histoire extraordinaire.

Le dandy lutte contre l'absurdité de la vie en soignant toujours plus son apparence. Il n'atteindra pourtant jamais l'idéal de beauté auquel il aspire, sinon peut-être dans la mort. C'est ainsi que sa quête de la beauté absolue peut s'achever par un suicide.

16 « Le dandy doit aspirer à être sublime sans interruption. Il doit vivre et dormir devant un miroir. »

Baudelaire,
Mon cœur mis à nu, 1887.

Le dandy ne connaît aucun répit : il se doit de veiller constamment à son apparence. On n'est pas dandy par loisir, mais par conviction. La beauté recherchée par les soins constants donnés au corps est en fin de compte comparable à la beauté de l'âme que cherchent le religieux, l'ermite, le saint.

17 « Le changement de modes est l'impôt que l'industrie du pauvre met sur la vanité du riche. »

Chamfort,
Maximes et pensées, 1803.

Le pauvre qui travaille dans les ateliers de confection par exemple fait payer au riche sa vanité : il le soumet aux changements de mode et donc à des dépenses successives.

L'alimentation

18 « Dis-moi ce que tu manges, je te dirai qui tu es. »

A. Brillat-Savarin,
Physiologie du goût, 1826.

19 « La destinée des nations dépend de la manière dont elles se nourrissent. »

A. Brillat-Savarin, *Id.*

20 « La table est le seul endroit où l'on ne s'ennuie jamais pendant la première heure. »

A. Brillat-Savarin, *Id.*

Les animaux ne mangent que pour satisfaire un besoin, alors que les hommes font de cet acte un véritable art : ils établissent des codes qui en règlent le bon déroulement, ils cuisent, découpent, préparent, transforment les mets ; enfin ils mangent ensemble car les hommes sont avant tout des êtres sociaux apportant la preuve, jusque dans leur façon de se nourrir, qu'ils sont sortis de l'état naturel qui pouvait être le leur autrefois, et qu'ils sont cultivés.

21 « Le manger moderne doit gérer non plus la pénurie mais la profusion [...]. Il doit déployer tous ses efforts non pour se procurer l'indispensable, mais pour rejeter le superflu avec discernement. »

Cl. Fiscler,
L'Homnivore, 1990.

Les difficultés concernant l'alimentation dans nos sociétés modernes ne sont pas des difficultés dues au manque de nourriture, mais à l'abondance : les magazines féminins proposent des régimes de toutes sortes ; les produits « allégés » sont à la mode et tentent de lutter contre la trop grande richesse de notre alimentation. N'oublions pas tout de même que nos sociétés modernes connaissent l'existence de ce que l'on a appelé « le Quart-Monde » pour qui le problème de l'abondance de nourriture ne se pose pas.

22 « Les animaux se repaissent ; l'homme mange ; l'homme d'esprit seul sait manger. »

A. Brillat-Savarin,
Physiologie du goût, 1826.

23 « La découverte d'un met nouveau fait plus pour le genre humain que la découverte d'une étoile. »

A. Brillat-Savarin, *Id.*

La ville

24 « Pour le villageois dans sa campagne, la ville est un pôle d'attraction : [...] elle recèle une promesse, un mirage de vie meilleure. »

W. Tochterman, « Des Villes et des Hommes », *Courrier de l'Unesco*, 1991.

25 « Une vie dure est plus facile à supporter en province que la fortune à poursuivre à Paris. »

J.-J. Rousseau, « Lettre à un jeune homme », in *Correspondance complète*, éd. posthume, 1924-34.

26 « Intellectuels, chercheurs, philosophes et artistes trouvent dans la ville l'émulation et la confrontation propices à un travail créatif, les échanges d'idées nécessaires pour nourrir leur imagination. »

W. Tochterman, « Des Villes et des Hommes », *Courrier de l'Unesco*, 1991.

C'est au contact de l'homme que l'homme peut créer : il nourrit son travail de celui de ses collègues, il est confronté aux courants artistiques de son temps, auxquels il peut souscrire, par rapport auxquels il peut se situer. On pourrait rétorquer à W. Tochterman que le silence des campagnes encourage à la concentration, que la solitude peut être nécessaire à l'artiste, et que la ville sollicite trop l'artiste.

27 « Dans une ville de huit cent mille âmes, il faut de toute nécessité qu'il y ait plus de bonnes gens et plus de vicieux que partout ailleurs. »

Goldoni, *Mémoires*, 1787.

2. L'élite et les exclus

28 « Ce n'est pas un hasard si l'on a tué tant de sorcières et si peu de sorciers : les femmes, moins aptes à se défendre, cristallisent plus facilement les peurs et les ressentiments. »

A. Memmi,
Le Racisme, 1982.

Une société a toujours besoin de boucs émissaires qui font les frais des peurs irrationnelles des citoyens. Ces boucs émissaires sont la plupart du temps choisis parmi les groupes les plus fragiles, les plus faibles socialement ou économiquement : les immigrés, les marginaux, autrefois les femmes.

29 La femme : « Faite pour obéir à un être aussi imparfait que l'homme, souvent si plein de vices, et toujours si plein de défauts, elle doit apprendre de bonne heure à souffrir même l'injustice et à supporter les torts d'un mari sans se plaindre. »

J.-J. Rousseau,
Émile ou De l'Éducation, 1762.

30 « Non contents d'avoir à leur disposition les femmes et les filles de leurs prolétaires – sans parler de la prostitution officielle – nos bourgeois ont pour principale distraction de séduire les épouses les uns des autres. »

K. Marx,
Prolétaires et Communistes, 1848.

31 « Prolétaires de tous pays, unissez-vous ! »

Marx et Engels,
Manifeste du parti communiste, 1848.

32 « La marginalité est un état passager, éphémère. L'exclusion est durable, voire dans certains cas définitive. »

B. Vincent, *Les Marginaux et les Exclus dans l'histoire*,
fin du XXe siècle.

L'exclu est celui qui subit sa mise à l'écart de la société. Il n'a pas choisi sa situation et ne peut plus y faire face.

33 « L'élite, c'est la canaille. »

H. Becque, *Conférences, Notes d'album, Poésies, Correspondance, etc.*, 1926.

Voltaire considérait que l'élite était éclairée et devait instruire « la canaille », c'est-à-dire le peuple. Henry Becque reprend les termes de Voltaire mais affirme exactement le contraire.

34 « Toute société engendre des marginaux et même les sécrète. Elle en a besoin pour vivre. »

B. Vincent, *Les Marginaux et les Exclus dans l'histoire*, fin du XXe siècle.

Les marginaux, réprimés par la société, lui sont pourtant nécessaires car ils lui permettent de réaffirmer les valeurs établies autour desquelles elle est organisée et dont ils prennent le contre-pied.

35 « Est marginal celui qui prend volontairement congé de la société ou celui que le mode de production rejette aux frontières. »

B. Vincent, *Id.*

36 « Est pauvre celui qui ne parvient pas à satisfaire à certaines normes de la consommation obligatoire. »

Y. Illich,
Une société sans école, 1971.

La consommation obligatoire est l'ensemble des dépenses que doit absolument faire le citoyen s'il veut être bien intégré à la société : il doit se nourrir, s'habiller convenablement, envoyer ses enfants à l'école, posséder peut-être une voiture s'il habite à la campagne, etc.

37 « Cultiver les différences [...]. Nul besoin de cultiver le reste, et qui se retrouvera toujours. Mais le rare, l'exceptionnel, l'unique, quelle perte pour tous si cela vient à disparaître ! »

A. Gide,
Journal, 1935.

Une société doit protéger et préserver les différences dont elle est faite.

38 « La minorité a toujours raison. »

H. Ibsen,
Un ennemi du peuple, 1882.

39 « Il faut récuser toute assimilation (d'un groupe inférieur ou minoritaire à un groupe supérieur ou majoritaire) et toute adaptation. Convenons que si l'adaptation s'effectue, il n'y a plus de dialogue parce qu'il n'y a plus de différence, donc plus de raison à la communication. »

J. Ellul,
L'Illusion politique, 1964.

> La coexistence dans une société de plusieurs groupes ethniques, permet à cette société de confronter des coutumes différentes, des langues, des opinions et des croyances différentes. Le dialogue peut alors s'établir et intéresser chacun des participants. Si tous les individus en venaient à se ressembler, la société périrait car les hommes ne trouveraient en leurs semblables ni contradiction, ni richesse nouvelle pouvant exciter leur désir d'apprendre et de connaître.

40 « Il faut se demander si le phénomène de l'inadaptation n'est pas inéluctable dans toute société complexe. »

R. Lenoir, *Les Exclus*, 1974.

41 « On ne refera pas la France par les élites, on la refera par la base. »

G. Bernanos,
Les Grands Cimetières sous la lune, 1938.

42 « Aux vertus qu'on exige dans un domestique, votre Excellence connaît-elle beaucoup de maîtres qui fussent dignes d'être valets ? »

Beaumarchais,
Le Barbier de Séville, 1775.

43 « J'aime le peuple, je déteste ses oppresseurs. Mais ce serait pour moi un supplice de tous les instants que de vivre avec le peuple. »

Stendhal,
Vie de Henry Brulard, 1836.

44 « Parce que vous êtes un grand seigneur, vous vous croyez un grand génie. »

Beaumarchais,
Le Mariage de Figaro, 1784.

45 « Mais un grand seigneur méchant homme est une terrible chose. »

Molière,
Dom Juan, 1665.

46 « On a trouvé en bonne politique le secret de faire mourir de faim ceux qui, en cultivant la terre, font vivre les autres. »

Voltaire, *Le Sottisier*,
in *Œuvres de Voltaire*, 1789.

47 « Un homme blanc, un homme noir, un homme jaune : toutes les larmes sont salées. »

Cl. Aveline,
Avec toi-même, 1963.

48 « Les peuples d'Europe ayant exterminé ceux de l'Amérique, ils ont dû mettre en esclavage ceux de l'Afrique pour s'en servir à défricher tant de terres. »

Montesquieu,
De l'Esprit des lois, 1748.

49 « Aucune société ne peut prospérer et être heureuse dans laquelle la plus grande partie des membres est pauvre et misérable. »

A. Smith, *Recherches sur la nature et les causes de la richesse des nations*, 1776.

50 « Silence au pauvre. »

Lamennais,
in *Peuple constituant*, 1848.

3. Les femmes

51 « Il n'y a point de vieille femme. Toute, à tout âge, si elle aime, si elle est bonne, donne à l'homme le moment de l'infini. »

J. Michelet,
L'Amour, 1859.

La femme est capable de donner l'infini à l'homme. Remarquons qu'elle donne et ne reçoit pas, qu'elle doit être bonne et qu'elle doit aimer. Peu importe qu'elle soit aimée ou que l'on soit bon pour elle !

52 « Il faut choisir d'aimer les femmes ou de les connaître. »

Chamfort,
Caractères et anecdotes, 1803.

Selon Chamfort, si nous connaissons les femmes, nous ne les aimons plus : leurs trop lourds défauts nous en empêchent.

53 « La plupart des femmes n'ont guère de principes ; elles ne se conduisent que par le cœur. »

La Bruyère,
Les Caractères, 1688.

Les femmes ne font pas appel à la raison mais aux sentiments, à leur cœur. Elles ne sont pas des créatures raisonnables.

54 « Une femme qui a un amant est un ange. Une femme qui a deux amants est un monstre. Une femme qui a trois amants est une femme. »

V. Hugo, *Tas de pierres*,
in *Œuvres complètes*, 1880-89.

V. Hugo soutient que les femmes qui n'ont qu'un seul amant sont rares et vertueuses : elles sont des anges. Les femmes qui ont deux amants appartiennent à une race inconnue sans doute monstrueuse. Il est dans la nature des femmes d'avoir de nombreux amants : la femme véritable est donc celle qui en a au moins trois.

55 Les femmes : « Elles ne cessent jamais d'être assujetties ou à un homme ou aux jugements des hommes. »

J.-J. Rousseau,
Émile ou De l'Éducation, 1762.

56 « Aimer les femmes intelligentes est un plaisir de pédéraste. »

Baudelaire,
Pensées, 1887.

Un homme n'aime pas une femme pour tenir avec elle de longues conversations brillantes. La femme doit être belle mais rien ne l'oblige à être intelligente ou cultivée.

57 « Il y a mille inventions pour faire parler les femmes mais pas une seule pour les faire taire. »

G. Bouchet,
Les Sérées, 1515.

58 « On estime beaucoup les femmes bonnes et sans esprit, mais on finit par bailler auprès d'elles. »

Amiel,
Journal intime, juillet 1866.

Les femmes belles sont très recherchées, et on se moque généralement de savoir si elles sont intelligentes et cultivées. Mais un homme ne reste pas longtemps auprès de ces femmes-là : il s'ennuie.

59 « Les femmes sans charme sont comme les poètes qu'on ne lit pas. »

A. de Custine,
Le Monde comme il est, 1835.

60 « Il y a des vies de femmes qui ne sont qu'une suite de larmes et dont l'existence en fin de compte est une réussite. »

A. Salacrou,
Comme les chardons, 1941.

Salacrou pense que si une femme souffre dans sa vie, si elle passe son temps à pleurer, il ne faut pas en conclure que sa vie est une vie ratée. C'est le sort d'une femme que de pleurer et de souffrir.

61 « Il y a dans le cœur d'une femme qui commence à aimer un immense besoin de souffrir. »

Ch. Nodier,
Smarra, 1821.

62 « Pour savoir jusqu'où va la cruauté de ces charmants êtres que nos passions grandissent tant, il faut voir les femmes entre elles. »

Balzac,
Modeste Mignon, 1844.

Les hommes aiment les femmes, ils en font des déesses car l'amour, la passion les aveuglent. Mais les femmes, lorsqu'elles sont entre elles laissent paraître leur vrai visage, se dévoilent : elles peuvent être cruelles, jalouses, mesquines, etc.

63 « Quelle est cette jeune personne qui s'avance vers nous et dont les traits n'annoncent pas une vive intelligence ? »

Ancien Testament,
Le Cantique des cantiques.

L'image traditionnelle de la femme depuis les temps les plus reculés est celle-ci : belle et sans intelligence.

64 « Une vraie femme sait qu'elle doit être dominée. »

A. Suarès,
Variable, 1929.

65 « J'ai toujours été étonné qu'on laissât les femmes entrer dans les églises. Quelle conversation peuvent-elles tenir avec Dieu ? »

Baudelaire,
Mon cœur mis à nu, 1887.

Les femmes n'ont aucune idée de Dieu ni de l'éternité. Elles ne sont que frivoles et futiles.

66 « C'est en public que les femmes se déshabillent le plus volontiers. »

P. Morand,
Bouddha vivant, 1927.

67 « Les curés sont consolés de ne pas être mariés quand ils entendent les femmes se confesser. »

A. Salacrou,
Une femme libre, 1941.

68 « Je consens qu'une femme ait des clartés de tout
Mais je ne lui veux point la passion choquante
De se rendre savante afin d'être savante. »

Molière, *Les Femmes savantes*, 1672.

Ce n'est pas le rôle d'une femme que de se cultiver et de tenir des conversations savantes.

69 « Laissons les jolies femmes aux hommes sans imagination. »

M. Proust, *À la recherche du temps perdu*, 1927.

Les jolies femmes sont surtout recherchées par les hommes qui sont incapables de lire, derrière un visage fatigué ou disgracieux, une histoire plus riche et plus intéressante que celle que raconte le premier joli visage venu.

70 « On ne sait pas assez combien les femmes sont une aristocratie. Il n'y a pas de peuple chez elle. »

J. Michelet, *La Femme*, 1860.

71 « Aux femmes il est donné de ressembler leur vie durant aux enfants que nous étions. »

J. Paulhan, *Le Bonheur de l'esclavage*, in *Œuvres complètes*, 1970.

Les femmes conservent l'innocence des enfants : la foi en la vie, la naïveté.

72 « Mais ô femme, monceau d'entrailles, pitié douce. »

A. Rimbaud, *Les Sœurs de charité*, 1871.

La femme est avant tout la mère, la douce consolatrice, celle qui a pitié.

73 « Les femmes sont fausses dans le pays où les hommes sont tyrans. »

Bernardin de Saint-Pierre, *Paul et Virginie*, 1788.

Bernardin de Saint-Pierre retourne le lieu commun qui est de dire que les femmes sont fausses : si elles le deviennent c'est que les hommes les y poussent.

74 « Faite pour obéir à un être aussi imparfait que l'homme, souvent si plein de vices et toujours si plein de défauts, elle doit apprendre de bonne heure à souffrir même l'injustice et à supporter les torts d'un mari sans se plaindre. »

J.-J. Rousseau,
Émile ou De l'Éducation, 1762.

La femme est une créature de sacrifice : les hommes lui sont inférieurs et pourtant ils la dominent.

75 La femme : « Il faut qu'elle étonne, qu'elle charme ; idole, elle doit se dorer pour être adorée. »

Baudelaire, Critique artistique,
« Éloge du maquillage », in *Salon de 1859*.

La femme doit se maquiller, se parer, car, pense Baudelaire, la nature est laide en elle-même et doit être cachée et apprêtée.

76 « Le moindre défaut des femmes qui sont abandonnées à faire l'amour, c'est de faire l'amour. »

La Rochefoucauld, *Maximes*, 1665.

77 « Si vous battez une femme avec une fleur, prenez plutôt une rose - sa tige a des épines. »

H. de Régnier, *Donc*, 1927.

78 « Il y a toujours quelque niaiserie à trop respecter les femmes. »

G. de Nerval,
Lettres à Jenny Colon, 1842-1845.

79 « Il y a toujours un fameux singe dans la plus jolie et la plus angéliques des femmes. »

Balzac,
Autre étude de femme, 1842.

80 « Les énergies féminines se mobilisent pour faire intrusion dans le champ social. Seront-elles plus ou moins efficaces que les énergies masculines pour créer du mieux-vivre ? »

F. Giroud, Préface aux *Cent mesures pour les femmes*, 1979.

81 La femme : « Que ce soit en qualité de mère ou de croqueuse de diamants, l'importance accordée à son rôle dans l'histoire des personnes est plutôt hypertrophiée par la littérature et les idées reçues qu'elle n'est sous-estimée. »

F. Giroud, *Id.*

Le rôle de la femme est très important dans la société. La littérature l'exagère encore.

82 « On a pu, en d'autres temps, considérer qu'une bonne société serait celle où le salaire de l'homme épargnerait à son épouse d'avoir à travailler. »

F. Giroud, *Id.*

Cette perspective n'est plus celle dans laquelle on peut se situer : les femmes désirent devenir aussi des personnes sociales, travailler, être indépendantes.

83 « Le temps serait venu de faire valoir les idées de la femme aux dépens de celles de l'homme, dont la faillite se consomme assez tumultueusement aujourd'hui. »

A. Breton,
Arcane 17, 1945.

De plus en plus, les femmes doivent travailler et posséder une identité sociale.

4. Le bonheur

84 « Il n'y a qu'un devoir, c'est d'être heureux. »

Diderot,
Entretiens avec Dorval, 1757.

85 « Le bonheur, c'est tout de suite ou jamais. »

M. Jouhandeau,
Éléments pour une éthique, 1955.

86 « Le vrai problème n'est pas d'être heureux ou malheureux : c'est d'être l'un ou l'autre au niveau le plus élevé de soi-même. »

G. Thibon,
L'Équilibre et l'Harmonie, 1976.

Chaque homme possède la faculté d'être heureux et la faculté d'être malheureux. Selon sa richesse, sa culture, sa sensibilité propres, chaque homme le sera de façon différente et pour des raisons différentes. Le vrai problème est pour chacun d'être exigeant avec soi-même, de ne pas se contenter de petits bonheurs alors qu'on est capable d'en attendre d'extraordinaires, de ne pas se laisser affecter par de petits malheurs alors qu'on est capable de faire face à des catastrophes.

87 « Comprenons que le temps consacré au nécessaire, à l'utile, est un temps dont nous nous privons. Nous n'avons comme temps à nous que celui que nous mettons en jachère. »

J. Onimus,
Bonheurs, bonheur, 1988.

Mettre son temps en jachère, c'est ne pas l'occuper, c'est ne pas désirer agir à tout prix. Le bonheur dépend de ces moments-là que nous nous réservons.

88 « Ne peut rien pour le bonheur d'autrui celui qui ne sait être heureux lui-même. »

A. Gide,
Les Nourritures terrestres, 1897.

89 « Plus de souvenirs, plus de projets, plus rien que le sentiment d'exister, le plaisir d'exister, l'existence pure. »

J. Onimus,
Bonheurs, bonheur, 1988.

Ces moments où le passé et l'avenir disparaissent, ces moments de plénitude où l'on ne sent rien que le plaisir d'être en vie, ces moments où l'on ne désire plus rien sont peut-être les plus grands moments de bonheur.

90 « Le vrai bonheur est une contemplation active. »

A. Suarès,
Remarques, 1917-18.

Le vrai bonheur est contemplatif : il est l'état de celui qui se réjouit et ne cherche plus l'objet de son désir. Il est néanmoins actif car il faut toujours, à l'intérieur de soi, être en mouvement pour que perdure le bonheur.

91 « J'aurais beau tricher et fermer les yeux de toutes mes forces, il y aura toujours un chien perdu quelque part qui m'empêchera d'être heureuse. »

Anouilh,
La Sauvage, 1938.

Les hommes sont liés les uns aux autres. La petite héroïne d'Anouilh est à tel point pénétrée de cette vérité qu'elle ne peut pas être heureuse tant qu'un homme sur terre ne l'est pas : elle souffre avec lui, compatit.

92 « Le plus grand secret pour le bonheur, c'est d'être bien avec soi. »

Fontenelle,
Du Bonheur, 1724.

93 « Un grand obstacle au bonheur, c'est de s'attendre à un trop grand bonheur. »

Fontenelle, *Id.*

Nous n'aurons jamais le bonheur idéal dont nous avons pu rêver. Cette insatisfaction nous empêche d'être heureux. La solution consiste donc à ne pas trop attendre, à ne pas trop rêver.

94 « Il faudrait convaincre les hommes du bonheur qu'ils ignorent, lors même qu'ils en jouissent. »

Montesquieu,
Mes Pensées, 1899.

Nous ne voyons pas quelquefois le bonheur dans lequel nous sommes plongés cependant. Peut-être attendons-nous toujours un bonheur supérieur, peut-être appelons-nous bonheur ce qu'il est impossible d'atteindre.

95 « Ce prolongement, cette multiplication possible de soi-même, qui est le bonheur. »

M. Proust, *À la recherche du temps perdu*, 1927.

Pour Marcel Proust, le bonheur est le prolongement de soi-même : lorsqu'on est heureux, on rayonne et on se répand, on se multiplie, on s'élargit.

96 « Un homme vraiment heureux ne parle guère et ne rit guère. Il resserre pour ainsi dire son bonheur autour de lui. »

J.-J. Rousseau,
Émile ou De l'Éducation, 1762.

Le bonheur est une chose sérieuse et grave. Il n'a rien à faire avec les rires et les paroles, qui sont les signes tout au plus du bien-être. Il se vit dans l'intimité. L'homme heureux est un homme seul qui chérit jalousement son bonheur.

97 « Il est difficile de ne pas s'exagérer le bonheur dont on ne jouit pas. »

Stendhal,
Journal, 1801.

Lorsqu'on n'est pas heureux, on imagine toujours que le bonheur est une chose extraordinaire. Lorsqu'on possède enfin un bonheur longuement convoité, il devient beaucoup moins extraordinaire.

98 « Le bonheur a les yeux fermés. »

P. Valéry,
Mauvaises pensées et autres, 1941.

99 « La grande affaire et la seule qu'on doive avoir, c'est de vivre heureux. »

Voltaire, *Correspondance*, « À Mme la Présidente de Bernère », in *Œuvres de Voltaire*, 1789.

100 « La beauté n'est que la promesse du bonheur. »

Stendhal, *De l'Amour*, 1822.

101 « Tout bonheur est un chef-d'œuvre : la moindre erreur le fausse, la moindre hésitation l'altère, la moindre lourdeur le dépare, la moindre sottise l'abêtit. »

M. Yourcenar, *Mémoires d'Hadrien*, 1951.

Il est très difficile de construire un bonheur : il y faut un réel savoir-faire.

102 « J'appelle caractère d'un homme sa manière habituelle d'aller à la chasse du bonheur. »

Stendhal, *Vie de Henry Brulard*, 1836.

103 « La volupté même et le bonheur ne se perçoivent pas sans vigueur et sans esprit. »

Montaigne, *Essais*, I, 42, 1580.

104 « Il ne faut jamais penser au bonheur, cela attire le diable, car c'est lui qui a inventé cette idée-là pour faire enrager le genre humain. »

G. Flaubert, *Correspondance*, Lettre à Louise Colet, 1853.

Le diable a inventé l'idée de bonheur sur laquelle les hommes se sont jetés : le bonheur n'existe pas, il n'est qu'un mensonge, et les hommes enragent de le chercher toujours et de ne jamais le trouver.

105 « Tout bonheur est une innocence. »

M. Yourcenar, *Alexis ou le Traité du vain combat*, 1929.

L'homme qui peut et qui sait vivre heureux est un homme innocent, un peu comme l'est un enfant.

106 « On peut défaire n'importe quel bonheur par la mauvaise volonté. »

Alain, *Mars ou la Guerre jugée*, 1921.

107 « Place tout ton bonheur dans l'instant. »

A. Gide, *Les Nourritures terrestres*, 1897.

Il n'y a que des instants de bonheur : il faut profiter de ceux-là sans chercher à préparer un plus grand bonheur pour l'avenir.

108 « L'héroïsme est peu de chose, le bonheur est plus difficile. »

A. Camus, *Lettre à un ami allemand*, 1944.

Il est plus facile d'être héroïque que d'être heureux. Pour être héroïque, il faut avoir accompli au moins une action courageuse, il faut par exemple avoir sauvé la vie d'une ou de plusieurs personnes. Pour être heureux, il n'est pas question d'accomplir des actions : tout se passe à l'intérieur de soi, dans l'acceptation de sa condition, dans l'harmonie trouvée entre ses désirs et ses acquisitions réelles. Pour être heureux, il faut savoir se contenter de peu de choses quelquefois, il faut y appliquer une partie de sa volonté, il faut bien ouvrir les yeux car le bonheur est souvent caché là, tout près de nous, sans que nous le soupçonnions.

109 « Le bonheur est la fin que doivent se proposer toutes les sociétés. »

Balzac, en épigraphe de *Physiologie du mariage*, 1829.

110 « Le bonheur ne m'ennuie jamais. »

H. de Montherlant, *Carnets*, 1930-44.

111 « La gloire elle-même ne saurait être, pour une femme, qu'un deuil éclatant du bonheur. »

Mme de Staël,
Corinne ou l'Italie, 1807.

Pour un homme, gloire et bonheur peuvent coïncider. Pour une femme, la gloire est certes très désirable, mais seulement si le plus grand bien, le bonheur, n'a pas pu être atteint. Et le bonheur trouve à s'épanouir dans l'amour par exemple.

112 « L'homme jouit du bonheur qu'il ressent, et la femme de celui qu'elle procure. »

Ch. de Laclos,
Les Liaisons dangereuses, 1782.

L'homme et la femme ne sont pas égaux devant le bonheur : la femme, selon le lieu commun, est généreuse et ne pense qu'à donner aux autres de la tendresse, de l'amour... Son bonheur à elle, elle le trouve dans celui qu'elle donne. Elle n'a pas besoin de recevoir. En revanche, l'homme s'empresse de prendre ce qu'on lui donne, d'en jouir sans penser qu'à son tour il pourrait donner.

113 « On appelle 'bonheur' un concours de circonstances qui permettent la joie. Mais on appelle joie cet état de l'être qui n'a besoin de rien pour se sentir heureux. »

A. Gide, *Divers*, 1931.

Gide distingue bonheur et joie. La joie est supérieure au bonheur. Le bonheur n'est que la première étape vers la joie, il y prépare. La joie est un état presque mystique où l'on ne cherche plus rien ni ne désire rien.

114 « L'espèce de bonheur qu'il me faut, ce n'est pas tant de faire ce que je veux que de ne pas faire ce que je ne veux pas. »

J.-J. Rousseau,
« À M. de Malesherbes », 1762.

115 « Le bonheur est une idée neuve en Europe. »

Saint-Just,
Rapport à la convention, 1794.

Au moment où Saint-Just écrit cette phrase, le bonheur est une idée neuve car la révolution est toute proche et qu'il n'y a pas longtemps que l'on sait que les hommes peuvent être égaux.

116 « On n'est pas heureux : notre bonheur, c'est le silence du malheur. »

J. Renard,
Journal, 21 septembre 1894.

117 « Ce qui m'intéresse, ce n'est pas le bonheur de tous les hommes, c'est celui de chacun. »

B. Vian,
L'Écume des jours, 1947.

Le rêve des démocraties est de faire le bonheur de tous les hommes, un bonheur collectif, qui oublie les individus et leurs particularités. Ce bonheur est peut-être médiocre car il oublie une chose essentielle : le désir de chacun. Boris Vian affirme l'importance de l'individu quand on parle de bonheur : personne ne peut désirer le même bonheur.

118 « Le vrai bonheur coûte peu ; s'il est cher, il n'est pas d'une bonne espèce. »

Chateaubriand,
Mémoires d'outre-tombe, 1841.

119 « Ô heureux l'homme des champs, s'il connaissait son bonheur ! »

Virgile,
Géorgiques, II, Ier siècle après J.-C.

120 « Le bonheur ne se raconte pas ; le bonheur est ennuyeux et bête en littérature. »

R.-M. Albérès,
L'Aventure intellectuelle du XXe siècle, 1959.

Un écrivain raconte rarement une histoire mettant en scène des héros heureux : les gens heureux n'ont pas d'histoires, ils n'ont plus rien à chercher, plus rien à tenter.

5. Les jeunes

L'adolescence

121 « Tout se brouille. Les coupures d'âge se fixent dans la confusion. Les jeunes avancent le moment de leur maturité ou majorité, les aînés tentent de prolonger leur jeunesse. »

G. Balandier,
Anthropo-logiques, 1974.

> Les jeunes sont mûrs plus tôt qu'autrefois pour faire face à certains aspects de la vie adulte : ils mènent par exemple leur vie sentimentale dès l'adolescence. En revanche, à vingt ans ils ne sont pas prêts à fonder une famille, ils ne sont pas autonomes, ils poursuivent des études ou ne trouvent pas de travail et dépendent donc encore de leurs parents.

122 « Aujourd'hui la jeunesse se réclame volontiers d'une sorte de néo-romantisme. »

A. Biederman,
Le Romantisme européen, 1972.

123 « La critique incisive du progrès technique, de ses objectifs strictement utilitaires et la peur de se trouver asservi à une civilisation industrielle mondiale [...], tout cela a ramené l'attention vers les aspirations de l'âge romantique. »

A. Biederman, *Id.*

> Les jeunes se détournent des préoccupations pratiques pour rêver et se réfugier dans des valeurs telles que l'amour éternel, les voyages, les aventures, le don de soi.

124 « Ce qui frappe chez l'adolescent, c'est son intérêt pour les problèmes inactuels, sans rapport avec les réalités vécues au jour le jour. »

J. Piaget,
Six études de psychologie, 1964.

125 « L'adolescent d'aujourd'hui, c'est d'abord quelqu'un qui dit : 'non' [...] : 'non' un peu fou, un peu trop romantique peut-être, qui fait hocher la tête aux gens raisonnables, mais mise en question salutaire, susceptible de débloquer bien des situations fossilisées. »

A. Biedermann,
Le Romantisme européen, 1972.

Les adolescents remettent en question les valeurs et les principes établis dans une société. Ce faisant, ils permettent de faire avancer les choses.

126 « La jeunesse révoltée des années 60 et 70 semble en effet avoir laissé la place aujourd'hui à une jeunesse assagie [...], soucieuse avant tout de s'intégrer dans les structures traditionnelles autrefois si décriées. »

O. Galand,
Les Jeunes, 1990.

Cette image de l'évolution des jeunes correspond-elle à la réalité ou n'est-elle qu'un nouveau stéréotype aussi artificiel que celui qui présentait il y a vingt ans la jeunesse comme la catégorie révolutionnaire par excellence ?

127 « Beaucoup de jeunes observent ou ressentent vaguement que la boulimie de 'l'avoir plus' étouffe chaque jour le souci 'd'être plus'. »

R. Debré, *Ce que je crois*,
Texte donné au baccalauréat en juin 1981.

La société de consommation qui pousse les gens à posséder toujours plus le fait au détriment de « l'être » véritable des gens, qui est oublié, camouflé par les nombreuses acquisitions inutiles. L'essentiel est étouffé par le superflu.

128 « L'adolescent, grâce à sa personnalité naissante, se pose en égal de ses aînés mais il se sent autre, différent d'eux par la vie nouvelle qui s'agite en lui. »

J. Piaget,
Six études de psychologie, 1964.

129 Les jeunes : « Ils s'angoissent des développements exponentiels de l'économie, et ils se replient dans l'indifférence, l'incuriosité et le narcissisme. »

R. Debré, *Ce que je crois*,
Texte donné au baccalauréat en juin 1981.

Angoissés par l'incertitude dans laquelle ils voient plongé le monde, les jeunes tentent d'y échapper par l'indifférence : ils ne vont par exemple plus prendre la peine de voter ou de militer. Ils se réfugient aussi dans un nouveau dandysme : ils soignent excessivement l'image qu'ils peuvent donner d'eux-mêmes, font de la mode leur principal centre d'intérêt.

130 « Qu'est-ce que l'adolescence ? Un peuple, un monde, un continent qui développe ombrageusement ses valeurs propres, ses goûts, ses savoirs, ses habitudes vestimentaires, son idiome et – au travers de la musique rock – son système particulier de communication. »

A. Finkielkraut,
La Défaite de la pensée, 1984.

131 Aux jeunes : « On vous a dit que le monde est absurde. Qu'est-ce que cela signifie ? Une proposition est absurde quand elle est contraire à la raison [...]. Mais que tout soit absurde est absurde. »

A. Maurois,
Lettre ouverte à un jeune homme, 1967.

Les jeunes ont souvent le sentiment que le monde est absurde. Or le monde obéit à certaines lois, il ne peut donc être totalement absurde.

132 « Un adolescent qui a plus d'intelligence et de cœur que son entourage fait nécessairement l'épreuve de la solitude et l'expérience de la rupture. »

G. Matzneff,
Le Taureau de Phalaris, 1987.

Certains adolescents sont très seuls, incompris même de leurs camarades : ceux-là sont peut-être plus sensibles que les autres, et plus intelligents.

133 « Les systèmes ou plans de vie des adolescents sont à la fois pleins de sentiments généreux, de projets altruistes ou de ferveur mystique et inquiétants de mégalomanie et d'égocentrisme conscient. »

J. Piaget,
Six études de psychologie, 1964.

Les adolescents se voient souvent jouer le rôle de héros : ils vont sauver la planète, les pauvres, les opprimés.

134 « Abrités de l'influence parentale par l'institution scolaire et de l'ascendant des professeurs par 'le groupe des pairs', les jeunes ont pu édifier un monde à eux, miroir inversé des valeurs environnantes. »

A. Finkielkraut,
La Défaite de la pensée, 1987.

Les jeunes édifient un monde à eux qui reproduit à l'envers le monde de leurs parents et de leurs professeurs.

135 « On me disait, quand j'étais petit : tu verras quand tu seras grand. Je suis un vieux monsieur, je n'ai encore rien vu. »

E. Satie,
cité par P. Léautaud, *NRF*, janvier 1939.

136 « C'est les jeunes qui se souviennent. Les vieux, ils oublient tout. »

B. Vian,
Les Bâtisseurs d'Empire, 1959.

137 « L'adolescence est le seul temps où l'on ait appris quelque chose. »

M. Proust,
À la recherche du temps perdu, 1927.

138 « Il vaut mieux gâcher sa jeunesse que de n'en rien faire du tout. »

G. Courteline,
La Philosophie de G. Courteline, 1917.

139 « Je ne crois pas, ô Christ, à ta parole sainte.
Je suis venu trop tard dans un monde trop vieux. »

A. de Musset,
Rolla, 1833.

Le siècle de Musset est un siècle « sans crainte », et sans foi : on ne peut plus croire naïvement lorsque le monde est usé et abîmé comme il l'est.

140 « Alors s'assit sur un monde en ruine une jeunesse soucieuse. »

A. de Musset, *La Confession d'un enfant du siècle*, 1836.

Musset fait allusion au « mal du siècle » qui se saisit chaque siècle des adolescents et les rend soucieux, mélancoliques.

141 « Car la jeunesse sait ce qu'elle ne veut pas avant de savoir ce qu'elle veut. »

J. Cocteau,
La Difficulté d'être, 1954.

142 « Une trop grande liberté, un 'fais ce que tu veux' commode met la jeunesse dans l'impossibilité de désobéir alors que rien d'audacieux n'existe sans la désobéissance à des règles. »

J. Cocteau,
Poésie critique, 1959.

Les jeunes font des actions audacieuses, bouleversant les situations établies lorsqu'ils enfreignent des règles sévères. La désobéissance est le ressort des grandes actions. Si tout est permis, les jeunes ne désirent pas agir.

143 « Je suis jeune, il est vrai, mais aux âmes bien nées la valeur n'attend pas le nombre des années. »

Corneille,
Le Cid, 1637.

Il n'est pas besoin d'attendre l'âge mûr pour réaliser des exploits ou faire preuve de courage.

144 « Ma jeunesse ne fut qu'un ténébreux orage. »

Baudelaire, « L'Ennui »,
Les Fleurs du mal, 1857.

145 « J'étais né pour rester jeune et j'ai eu l'avantage de m'en apercevoir le jour où j'ai cessé de l'être. »

G. Courteline, *La Philosophie de G. Courteline*, 1917.

146 « Sans dieux ni maîtres, ceux-là étant morts, ceux-ci n'étant pas encore nés, nous n'avons que notre jeunesse. »

P. Drieu La Rochelle,
Mesure de la France, 1922.

147 « Vivez, si m'en croyez, n'attendez à demain :
Cueillez dès aujourd'hui les roses de la vie. »

Ronsard,
Sonnets pour Hélène, II, 1578.

Ronsard donne une leçon d'épicurisme à une jeune fille : elle doit profiter de la vie et de sa jeunesse.

148 « Plus encore que la beauté, la jeunesse m'attire, et d'un irrésistible attrait. Je crois que la vérité est en elle ; je crois qu'elle a toujours raison contre nous. »

A. Gide, *Journal*,
feuillets 1889-1939.

149 « C'est la fièvre de la jeunesse qui maintient le reste du monde à la température normale. Quand la jeunesse se refroidit, le reste du monde claque des dents. »

G. Bernanos, *Les Grands Cimetières sous la lune*, 1938.

La jeunesse est bouillante, c'est souvent elle qui fomente les révoltes qui secouent et font évoluer les sociétés.

La révolte

150 « L'optimisme est la foi des révolutions. »

J. Bainville (1879-1936), *Lectures*.

Une révolution ne se fait qu'avec optimisme : on espère fonder une société meilleure.

151 « Je ne renoncerais pas facilement à la colère. C'est comme la pipe : je puis m'en passer s'il le faut, mais si j'en perds le goût, c'est que je suis malade. C'est le seul recours, en tout cas, contre l'absurdité. »

R. Escarpit,
Lettre ouverte au diable, 1972.

S'il y a révolte, s'il y a colère, il y a vie. L'homme en colère est un homme qui croit que l'ordre des choses peut être changé.

152 « Colère contre le mal, colère contre l'injustice, colère contre la mort. Heureux celui qui trouve un jour la sienne, qui se libère. »

R. Escarpit, *Id.*

L'homme qui se libère se révolte contre les choses qu'il ne comprend pas ou n'accepte pas. Même la mort peut être mise en question par la colère d'un homme.

153 « Je me révolte, donc je suis. »

A. Camus, *L'Été*, 1954.

154 « Il y a peut-être des secrets pour changer la vie. »

A. Rimbaud,
Une saison en enfer, 1873.

155 « Familles, je vous hais ! Foyers clos ; portes refermées ; possessions jalouses du bonheur. »

A. Gide,
Les Nourritures terrestres, 1897.

Révolte contre le confort bourgeois des familles fermées sur elles-mêmes, insensibles au malheur des autres.

156 « Il faut que les pauvres soient si pauvres qu'il ne leur reste plus qu'à se révolter. »

P. Morand,
Le Lion écarlate, 1959.

Il faut creuser encore plus le fossé entre les riches et les pauvres pour que les pauvres ne puissent vraiment plus supporter leur état et songent alors à se rebeller.

157 « La soumission implique la possibilité de l'arrogance et de la révolte. »

R. Caillois,
L'Homme et le Sacré, 1939.

Plus longtemps on est soumis et muet, plus la révolte a des chances de jaillir subitement, arrogante et revendicatrice.

158 « Ma sympathie tend toujours vers la révolte, de quelque parti qu'elle s'élève. »

M. Arland, *Étapes*, 1927.

159 « Le monde ne sera sauvé, s'il peut l'être, que par des insoumis. »

A. Gide,
Journal, 1889-1939.

160 « Le cœur est humain dans la mesure où il se révolte. »

G. Bataille, *L'Orestie*, 1962.

161 « En révolution, le premier de tous les principes est de diriger le mal qu'on ne saurait empêcher. »

Balzac,
La Physiologie du mariage, 1829.

Le mal est nécessaire et inévitable. Il doit servir à l'établissement du bien. La révolution dirige le mal pour qu'il soit le plus efficace possible.

162 « La pensée est révolutionnaire ou elle n'est pas. »

E. Berl, *Mort de la pensée bourgeoise*, 1929.

163 « Des sottises faites par des gens habiles ; des extravagances dites par des gens d'esprit ; des crimes commis par des honnêtes gens... voilà les révolutions. »

De Bonald,
Pensées sur divers sujets, fin du XVIIIe siècle.

164 « D'où l'homme tirera-t-il sa force s'il n'entretient pas en soi la colère et l'appétit de plusieurs fauves ? »

R. Caillois,
Les Impostures de la poésie, 1945.

165 « La révolte est une ascèse. [...] Si le révolté blasphème, alors c'est dans l'espoir d'un nouveau Dieu. »

A. Camus,
L'Homme révolté, 1951.

166 « La révolution féminine doit maintenant compléter la révolution prolétaire, comme celle-ci consolida la révolution bourgeoise, énoncée d'abord de la révolution philosophique. »

A. Comte,
Catéchisme positiviste, 1851.

167 « Une révolte contre l'école, soit, et quels sont les risques encourus ? [...] Seraient-ils plus grands que ceux d'une rébellion contre toute institution établie ? »

Y. Illich,
Une société sans école, 1971.

168 « Les révolutions sont nos vacances. »

G. Bernanos,
Nous autres Français, 1939.

> Les révolutions donnent un sang neuf aux pays, les rajeunissent, les remettent à neuf, un peu comme le feraient des vacances pour les individus.

169 « La révolution joue, entre autres rôles, celui que joua jadis la vie éternelle, ce qui explique beaucoup de ses caractères. »

A. Malraux, *L'Espoir*, 1937.

6. Autrui

L'autre

170 « Nous avons inventé autrui
Comme autrui nous a inventé
Nous avions besoin l'un de l'autre. »

P. Éluard,
Le Visage de la paix, 1951.

L'homme n'est pas fait pour rester seul. Il a un tel besoin d'autrui qu'il l'invente. Par le regard qu'il jette sur lui, par la main qu'il lui tend, il le crée. Un autre lui-même, différent et ressemblant à la fois.

171 « L'enfer, c'est les autres. »

J.-P. Sartre,
Huis clos, 1944.

172 « Les autres, hélas, c'est nous. »

G. Bernanos,
Lettre de Palma, janvier 1945.

173 « Nous avons tous assez de force pour supporter les maux d'autrui. »

La Rochefoucault,
Maximes, 1665.

Nous supportons aisément les maux d'autrui mais nous avons plus de peine à supporter nos propres maux.

174 « Nous sommes si accoutumés à nous déguiser aux autres qu'enfin nous nous déguisons à nous-mêmes. »

La Rochefoucault, *Id.*

Nous ne montrons jamais aux autres notre véritable visage, mais toujours l'image de ce que nous voudrions être ou pensons être. Nous finissons par ne plus avoir de véritable visage : nous ne sommes même plus à nos propres yeux qu'une image fausse et menteuse.

175 « Le meilleur moyen pour apprendre à se connaître, c'est de chercher à comprendre autrui. »

A. Gide,
Journal, 1889-1939.

> Entre soi-même et l'autre, il y a plus de ressemblances que de différences. Les êtres humains sont les membres d'une seule et même famille : comprendre l'autre revient à comprendre ses propres réactions, c'est à dire à se connaître.

176 « Si l'on doit aimer son prochain comme soi-même, il est au moins aussi juste de s'aimer comme son prochain. »

Chamfort,
Maximes et pensées, 1803.

177 « Ce cœur qui m'attendait, ah ! quelle joie pour moi de le remplir ! »

P. Claudel,
Le Soulier de satin, 1923.

178 « C'est une grande folie que de vouloir être sage tout seul. »

La Rochefoucault,
Maximes, 1665.

> L'homme n'est pas fait pour être seul. Pour vivre, pour être sage, pour être heureux, il a besoin de la présence de l'autre.

179 « Être supérieur aux autres n'a jamais représenté un grand effort si l'on n'y joint pas le beau désir d'être supérieur à soi-même. »

Cl. Debussy, *Monsieur Croche, antidilettante*, 1921.

180 « Hommes, il est d'autres hommes. »

R. Desnos,
Fortunes, 1942.

181 « Me donner à autrui sans m'ôter à moi. »

Montaigne,
Essais, III, 10, 1580.

182 « Je n'aime point Dieu parce que je ne le connais pas, ni le prochain parce que je le connais. »

Montesquieu,
Mes Pensées, 1899.

L'amour

183 « On s'étudie trois semaines, on s'aime trois mois, on se dispute trois ans, on se tolère trente ans, et les enfants recommencent. »

H. Taine, *Vie et opinions de Thomas Graindorge*, 1867.

184 Les femmes : « Elles ne cessent jamais d'être assujetties ou à un homme ou aux jugements des hommes. »

J.-J. Rousseau,
Émile ou De l'Éducation, 1762.

185 « L'amour a toujours été pour moi la plus grande affaire des affaires, ou plutôt la seule. »

Stendhal,
Vie de Henry Brulard, 1836.

186 « J'aime ceux qui ne savent pas trop pourquoi ils aiment, c'est qu'alors ils aiment vraiment. »

A. Gide,
Ainsi soit-il, 1952.

> L'amour est un sentiment irrationnel. Le véritable amoureux ne sait pas expliquer pourquoi il aime. C'est pour cette raison que lorsqu'on demande à Montaigne les raisons de son amour pour la Boétie, il répond : « parce que c'était lui, parce que c'était moi. »

187 « La raison d'aimer, c'est l'amour. »

A. de Saint-Exupéry,
Citadelle, 1948.

188 « Aimez, aimez, tout le reste n'est rien. »

La Fontaine, *Les Amours de Psyché et de Cupidon*, 1669.

189 « L'amour n'est pas un sentiment, c'est un art. »

P. Morand,
Isabeau de Bavière, 1938.

L'amour est un art : il faut savoir l'aborder, le travailler, utiliser les techniques adéquates qui le porteront à sa perfection.

190 « Elle était belle comme la femme d'un autre. »

P. Morand,
Lewis et Irène, 1924.

L'amour est étroitement lié au désir. On ne désire que ce que l'on n'a pas. Les femmes des autres, par exemple.

191 « Il y a l'amour [...]. Et puis il y a la vie, son ennemie. »

Anouilh,
Ardèle ou La Marguerite, 1948.

Les amoureux connaissent de parfaits moments de bonheur, mais ce ne sont que des moments. Le reste du temps, la vie reprend ses droits : elle exige que l'on agisse, que l'on soit efficace, que l'on travaille, que l'on pense à soi-même et non plus tant à l'autre. Elle peut tuer l'amour.

192 « L'amour, c'est l'infini mis à la portée des caniches. »

L.-F. Céline,
Voyage au bout de la nuit, 1932.

Les hommes cherchent l'infini partout. Leur quête de Dieu en est un exemple probant. Ils le cherchent aussi dans l'amour mais dans ce cas-là, ils ne font pas preuve de grandeur : les caniches, voire les plus petits chiens qui soient, sont capables aussi de convoiter cet infini-là.

193 « Je sais de quelles petitesses meurent les grands amours. »

Anouilh,
L'Hermine, 1932.

La vie quotidienne est pleine de petitesses, elle est mesquine, et tue souvent les grands amours qui ne lui résistent pas.

194 « Amour, fléau du monde, exécrable folie. »

A. de Musset,
Don Paez, 1829.

195 « Il le faut avouer, l'amour est un grand maître
Ce qu'on ne fut jamais, il nous enseigne à l'être. »

Molière,
L'École des femmes, 1662.

L'amour transforme les êtres : il donne de l'esprit à qui n'en avait pas par exemple.

196 « Je me dis seulement : À cette heure, en ce lieu
Un jour je fus aimé, j'aimais, elle était belle.
J'enfouis ce trésor dans mon âme immortelle
Et je l'emporte à Dieu ! »

A. de Musset,
Souvenir, 1841.

197 « La philosophie que je cultive n'est pas si barbare ni si farouche qu'elle rejette l'usage des passions ; au contraire, c'est en lui seul que je mets toute la douceur et la félicité de cette vie. »

Descartes, *Correspondance*,
« À l'abbé Pirot », février 1648.

198 « La passion fait souvent un fou du plus habile homme et rend souvent les sots les plus habiles. »

La Rochefoucauld,
Maximes, 1665.

199 « L'on veut faire tout le bonheur ou si cela ne se peut faire, tout le malheur de ce qu'on aime. »

La Bruyère, *Les Caractères*,
« Du Cœur », 1688.

L'amour est absolu : s'il est malheureux, il se change en haine.

200 « L'Amour est toujours devant vous. Aimez. »

A. Breton,
Le Surréalisme et la peinture, 1928.

201 « L'enfer, c'est de ne plus aimer. »

G. Bernanos, *Le Journal
d'un curé de campagne*, 1936.

202 « L'Amour est enfant de bohème. »

H. Meilhac,
L. Halévy, *Carmen*, 1875.

Les difficultés matérielles, financières par exemple, ne font pas peur à l'amour.

203 « Aimer, ce n'est pas se regarder l'un l'autre, c'est regarder ensemble dans la même direction. »

A. de Saint-Exupéry,
Terre des hommes, 1939.

204 « Aimer, c'est trouver sa richesse hors de soi. »

Alain,
Éléments de philosophie, 1941.

Celui qui aime trouve en autrui (hors de lui-même, donc) son plus grand bien, sa plus grande richesse.

205 « L'Homme a deux faces : il ne peut pas aimer sans s'aimer. »

A. Camus, *La Chute*, 1956.

L'homme fait preuve de générosité quand il aime : il va vers l'autre, il sort de lui-même, il se donne. Mais pour aimer ainsi, il doit avant tout s'aimer lui-même : il ne peut pas aimer un représentant de la race humaine lorsqu'il en est un, très ressemblant (lui-même), qui lui est odieux. Il ne peut pas donner avec joie aux autres ce qui lui paraît détestable.

206 « L'Amour est cette merveilleuse chance qu'un autre vous aime encore quand vous ne pouvez plus vous aimer vous-même. »

J. Guéhenno,
Aventures de l'Esprit, 1954.

207 « – L'Amour se suffit à lui-même !
– Et moi je pense que rien ne suffit à l'amour ! »

P. Claudel,
Le Soulier de satin, 1923.

L'amour est très exigeant. Rien n'est assez beau, assez grand pour lui.

208 « Ô tristesse ! On passe une moitié de la vie à attendre ceux qu'on aimera et l'autre moitié à quitter ceux qu'on aime. »

V. Hugo, *Tas de pierres*,
in *Œuvres complètes*, 1880-89.

La première moitié de la vie est consacrée aux rencontres amoureuses que l'on peut faire, aux enfants que l'on élève. Dès le commencement de la deuxième moitié de la vie, nous voyons disparaître déjà les êtres chers qui nous entourent.

209 « Nous ne désirerions guère de choses avec ardeur si nous connaissions parfaitement ce que nous désirons. »

La Rochefoucault,
Maximes, 1665.

Nous ne désirons les choses que parce que nous ne les connaissons pas : nous imaginons le meilleur. Si les choses désirées nous étaient par hasard acquises, elles ne nous séduiraient plus du tout car alors nous les connaîtrions pour ce qu'elles sont vraiment : communes et sans magie.

210 « Il est difficile de définir l'amour. Ce qu'on peut en dire est que dans l'âme, c'est une passion de régner, dans les esprits c'est une sympathie et dans le corps ce n'est qu'une envie cachée et délicate de posséder ce que l'on aime après beaucoup de mystères. »

La Rochefoucauld, *Id.*

211 « Il faut bien donner le nom de l'amour à tous les sentiments tendres que nous eûmes. Mais nous ne saurons jamais si c'était lui. »

F. Mauriac, *Journal d'un homme de trente ans*, 1948.

212 « N'aimer guère en amour est un moyen assuré d'être aimé. »

La Rochefoucauld,
Maximes, 1665.

L'homme est toujours attiré par ce qui est lointain et semble se refuser. Son désir en est ainsi attisé.

213 « S'il y a un amour pur et exempt de nos autres passions, c'est celui qui est caché au fond du cœur et que nous ignorons nous-mêmes. »

La Rochefoucauld, *Id.*

L'amour est rarement pur. Il est mêlé à d'autres sentiments comme l'amour-propre, l'ambition, l'amitié, la tendresse, la gratitude, etc. On peut par exemple croire sincèrement aimer quelqu'un à qui l'on doit beaucoup, lorsqu'on n'éprouve en réalité pour lui que de la reconnaissance.

214 « Le plaisir de l'amour est d'aimer et l'on est plus heureux par la passion que l'on a que par celle que l'on donne. »

La Rochefoucauld, *Id.*

Il est plus agréable d'aimer que d'être aimé. Dussent-ils en souffrir, les hommes aiment aimer, faire don d'eux-mêmes, ou plus égoïstement, se retrouver comme en un miroir et s'admirer sous les traits et le caractère de la personne chérie.

215 « Il est du véritable amour comme de l'apparition des esprits : tout le monde en parle mais peu de gens en ont vu. »

La Rochefoucauld, *Id.*

216 « Le prix d'amour, c'est seulement Amour [...].
Il faut aimer si l'on veut être aimé. »

H. d'Urfé,
La Sylvanire ou la Morte vive, 1627.

L'amour s'achète par l'amour. Qui aime reçoit l'amour d'un autre en échange.

217 « L'amour comme un vertige, comme un sacrifice et comme le dernier mot de tous. »

Alain-Fournier, *Correspondance avec Jacques Rivière*, 1926-1928.

218 « Aimer, c'est donner raison à l'être aimé qui a tort. »

Ch. Péguy, *Note conjointe sur M. Descartes*, 1914.

219 « Nous aimons toujours ceux qui nous admirent et nous n'aimons pas toujours ceux que nous admirons. »

La Rochefoucault,
Maximes, 1665.

L'amour-propre est responsable de bien des absurdités : l'être humain aime la personne qui le valorise (qui l'admire par exemple), alors qu'il n'aime pas la personne qu'il estime être au-dessus de lui-même (qu'il admire). Il se sent en effet remis en question par l'homme supérieur qu'il peut admirer : il le haïrait presque.

220 « Pour peindre l'amour, les grands romantiques ont dû peindre l'amour malheureux. »

R.-M. Albérès, *L'Aventure intellectuelle du xxe siècle*, 1959.

L'amour tombe sur un homme et il ne peut que le subir : avec bonheur si l'amour est partagé, dans la souffrance si ce n'est pas le cas. Un beau jour, cet homme peut se réveiller et ne plus sentir les effets de l'amour. Ainsi, Tristan et Iseut boivent un philtre magique qui les unit longtemps, mais un beau matin ils se réveillent désillusionnés : l'enchantement du philtre a cessé.

221 « Aimer est un mauvais sort comme ceux qu'il y a dans les contes, contre quoi on ne peut rien jusqu'à ce que l'enchantement ait cessé. »

M. Proust, *À la recherche du temps perdu*, 1927.

222 « On n'aime plus personne dès qu'on aime. »

M. Proust, *Id.*

L'amour rend aveugle, indifférent à tout ce qui n'est pas l'amant, indifférent même aux amis.

223 « Aimer est le grand point, qu'importe la maîtresse
Qu'importe le flacon, pourvu qu'on ait l'ivresse ? »

A. de Musset, « La Coupe et les lèvres »,
Premières Poésies, 1832.

224 « Il est temps d'instaurer la religion de l'amour. »

L. Aragon,
Le Paysan de Paris, 1926.

225 « Doutez Ophélia, de tout ce qui vous plaît
De la clarté des cieux, du parfum de la rose
Doutez de la vertu, de la nuit et du jour
Doutez de tout au monde et jamais de l'amour. »

A. de Musset, « La Coupe et les lèvres »,
Premières Poésies, 1832.

226 « Après beaucoup d'années, avoir encore tant de choses à se dire, des plus futiles aux plus graves, sans choix, sans désir d'étonner ni d'être admiré, quelle merveille ! »

F. Mauriac,
Journal, 1934.

227 « L'amour qui naît subitement est le plus long à guérir. »

La Bruyère,
Les Caractères, 1688.

L'amour est une maladie dont on peut ou non guérir. L'amour qui naît subitement est appelé traditionnellement « coup de foudre ». Celui-là est le plus dangereux, il est le plus profond, le plus sincère, le plus vrai.

L'amitié

228 « Si on me presse de dire pourquoi je l'aimais, je sens que cela ne peut s'exprimer qu'en répondant : 'parce que c'était lui, parce que c'était moi'. »

Montaigne,
Essais, I, 28, 1580.

L'amitié est comme l'amour : rien ne peut l'expliquer.

229 « L'amour et l'amitié s'excluent l'un l'autre. »

La Bruyère,
Les Caractères, 1688.

230 « L'amitié est le plus souvent une porte de sortie qu'une porte d'entrée de l'amour. »

G. Le Bon, *Aphorismes du temps présent*, 1918.

231 « L'amour commence par l'amour et l'on ne saurait passer de la plus forte amitié qu'à un amour faible. »

La Bruyère,
Les Caractères, 1688.

L'amitié ne peut se transformer en amour : ces deux sentiments n'ont entre eux rien de commun.

232 « Les femmes vont plus loin en amour que la plupart des hommes, mais les hommes l'emportent sur elles en amitié. »

La Bruyère, *Id.*

Il est courant de dire que les femmes savent aimer mieux que les hommes. Pour aimer, il faut être généreux, prêt à tout donner de soi, il faut être capable de s'oublier : autant de qualités que l'on attribue traditionnellement aux femmes. En revanche, l'homme est peut-être un meilleur ami : l'ami désire partager avec l'autre des activités valorisantes qui les mettent tous deux sur un pied d'égalité, il désire l'enrichir et être enrichi par lui.

233 « Cette vie d'homme qui est si courte pour les plus frivoles entreprises est pour les amitiés humaines une épreuve difficile et de longue haleine. »

E. Delacroix,
Journal, 1824.

Il est difficile de conserver intacte pendant toute une vie humaine une même amitié : une amitié est une chose sérieuse et profonde, elle demande donc davantage d'efforts que les entreprises frivoles qui se succèdent rapidement dans une vie d'homme.

234 « Ce que les hommes ont nommé amitié n'est qu'une société, qu'un ménagement réciproque d'intérêts et qu'un échange de bons offices. »

La Rochefoucauld,
Maximes, 1665.

235 « Les amis, qu'on craint moins de mécontenter que les indifférents, sont toujours les derniers servis. »

Diderot, Lettre à Mme d'Épinay,
in *Correspondance de Diderot*, éd. posthume de 1955-1970.

On fait davantage d'efforts avec les gens indifférents ou que l'on ne connaît pas bien qu'avec nos amis : si nous ne les connaissons pas, les indifférents ne nous connaissent pas non plus : nous craignons leur jugement alors que nos amis ne nous tiendront pas rigueur d'une absence ou d'un retard.

236 « Le véritable ami est celui à qui nous n'avons rien à dire. Il contente à la fois notre sauvagerie et notre besoin de sociabilité. »

T. Bernard,
La Faune des plateaux, 1923.

La véritable amitié devrait se définir ainsi : elle est ce qui permet d'être seul sans être seul. Être seul ou avec un autre nous-même, à qui nous n'avons pas besoin de parler car il sait tout, devant qui nous n'avons pas besoin de faire d'efforts. Ne pas être seul pourtant, partager en silence quelques émotions, être compris.

237 « Je n'ai plus d'ennemis quand ils sont malheureux. »

V. Hugo,
L'Année terrible, 1872.

238 « L'amitié ? Elle disparaît quand celui qui est aimé tombe dans le malheur ou quand celui qui aime devient puissant. »

Chateaubriand,
Vie de Rancé, 1844.

Il ne peut pas y avoir d'égalité en amitié : il y a toujours un dominateur et un dominé. L'amour et la domination sont déterminés non pas en fonction des valeurs propres aux intéressés mais en fonction de leur plus ou moins grande réussite sociale. Celui qui échoue socialement a beau être aimé : on l'oublie. Celui qui réussit brillamment a beau aimer : il oublie son ami, exalté par ses succès, entouré de mille faux amis.

239 « Il est plus honteux de se défier de ses amis que d'en être trompé. »

La Rochefoucauld,
Maximes, 1665.

240 « Ami est quelques fois un mot vide de sens. Ennemi jamais. »

V. Hugo, *Tas de pierres*,
in *Œuvres complètes*, 1880-89.

241 « La moitié d'un ami, c'est la moitié d'un traître. »

V. Hugo,
La Légende des siècles, 1859.

La violence

242 « Je ne peux admettre la violence, même contre la violence. »

R. Martin du Gard,
Journal de guerre, 1919-1949.

On peut lutter contre la violence autrement que par la violence. Par la négociation par exemple, ou par l'organisation de manifestations faisant pression sur l'opinion, comme la grève de la faim.

243 « C'est par la violence qu'on doit établir la liberté. »

Marat,
L'Ami du peuple, 1792.

Un homme d'État, convaincu qu'il a raison et qu'il est en état de faire le bonheur des peuples peut ne pas hésiter à mettre en œuvre ses projets de bonheur même s'il faut en passer par la violence et agir donc contre le peuple même, que pourtant il défend. En effet, la violence est alors un mal nécessaire, et la souffrance ou la répression de quelques individus n'est pas à prendre en considération lorsqu'il s'agit de la liberté et du bien-être de toutes les générations futures.

244 « Si tu veux la paix, prépare la guerre. »

Proverbe latin.

245 « On sait que tout exercice de la force s'accompagne d'un discours visant à légitimer la force de celui qui l'exerce. »

P. Bourdieu,
Questions de sociologie, 1980.

Lorsqu'un État se sert de la force et de la violence, il tient un discours qui justifie cette violence. Il peut par exemple expliquer que la violence est le mal nécessaire à l'établissement d'une plus grande liberté à venir.

246 « Tous les efforts de la violence ne peuvent affaiblir la vérité et ne servent qu'à la relever davantage. Toutes les lumières de la vérité ne peuvent rien pour arrêter la violence et ne font que l'irriter encore plus. »

Pascal,
Les Provinciales, 1657.

Pour Pascal, la violence est un moyen qu'utilisent les hommes engagés dans l'erreur et le mensonge. La vérité ne peut en aucun cas être servie par la violence. Autrement dit, le mal ne peut être mis au service d'une cause juste et bonne. Mais imaginons qu'un peuple soit opprimé violemment par un peuple voisin : sa cause n'en est pas moins juste, et cette justice est claire, lumineuse, évidente aux yeux de tous. En revanche, la violence est aveugle, rien ne peut la raisonner : le peuple oppresseur s'enfermera d'autant plus dans la violence qu'on lui expliquera ses torts.

247 « L'indifférence [...] est une forme de violence fort répandue dans nos sociétés industrialisées où les relations sont plus techniques qu'humaines. »

J. Onimus,
L'École, n° 17, 1973.

248 « Quand on doit diriger des enfants ou des hommes, il faut de temps en temps commettre une belle injustice, bien nette, bien criante. C'est ça qui leur en impose le plus. »

M. Pagnol,
Topaze, 1928.

L'injustice fait violence et en impose aux autres : elle fait peur, elle inspire la crainte sinon le respect.

249 « Il n'y a pas cinquante manières de combattre, il n'y en a qu'une, c'est d'être vainqueur. »

A. Malraux,
L'Espoir, 1937.

250 « Il n'y a jamais eu de bonne guerre ni de mauvaise paix. »

B. Franklin,
Correspondance, 1783.

251 « Il y a des guerres justes, il n'y a pas d'armées justes. »

A. Malraux,
L'Espoir, 1937.

Les armées ne peuvent pas être justes : seule la paix est juste et désirable, et les armées ne sont pas faites pour défendre la paix. Mais certaines guerres peuvent être justes : lorsqu'un peuple est opprimé, les peuples voisins se montrent solidaires.

252 « Il y a État dès le moment où un pouvoir de décision s'instaure, connu de tous comme ayant pouvoir de décider pour la société globale de ce qui est juste et injuste, légal et illégal. »

M. Chatelet,
Argument, 1962.

> L'État détient à lui seul le pouvoir de décider pour tous de ce qui est juste et légal.

253 « La loi particulière de l'État moderne, c'est la violence. »

J. Ellul,
L'Illusion politique, 1964.

254 « Ce n'est ni la force ni la largeur des épaules ni la sagesse qui fait la puissance des hommes. »

Sophocle,
Ajax, Vᵉ siècle avant J.-C.

> Ce qui fait la puissance de l'homme, c'est son esprit, son intelligence, et les possibilités qu'il possède.

255 « Je déteste la violence. Elle est bruyante, injuste, passagère. »

R. Nimier,
Le Hussard bleu, 1950.

256 « La force dénuée d'intelligence s'effondre sous sa propre masse. »

Horace,
Odes, Iᵉʳ siècle avant J.-C.

257 « Cette importance de la violence est clairement visible dans le fait que chacun accuse toujours à juste titre son adversaire politique d'user de violence. »

J. Ellul,
L'Illusion politique, 1964.

258 « Lorsqu'une nation est écrasée militairement, il n'y a pas plusieurs solutions ; elle est bien obligée d'accepter les conditions du vainqueur. »

J. Ellul, *Id.*

259 « Si contre cent mille probabilités que l'accusé est coupable, il y en a une seule qu'il est innocent, cette seule doit balancer toutes les autres. »

Voltaire,
Dictionnaire philosophique, 1764.

II. Pouvoir et politique

1. Le pouvoir

260 « Tout pouvoir excessif meurt par son excès même. »

C. Delavigne, *Louis XI*,
in *Œuvre complète*, 1846.

261 « Il n'y a point de plus cruelle tyrannie que celle que l'on exerce à l'ombre des lois et avec les couleurs de la justice. »

Montesquieu, *Considérations sur les causes de la grandeur des Romains et de leur décadence*, 1734.

262 « Il devrait y avoir en toute constitution un centre de résistance contre le pouvoir prédominant, et par conséquent dans une constitution démocratique un moyen de résistance contre la démocratie. »

J.-S. Mill, *Considérations sur le gouvernement représentatif*, 1861.

N'importe quel pouvoir, même un pouvoir démocratique, doit nourrir en son sein les moyens de s'y opposer. C'est à ce titre seulement que l'individu demeure libre.

263 « L'État doit servir. On ne doit ni s'en servir ni s'y asservir. »

F. Giroud,
La Comédie du pouvoir, 1979.

Le rôle de l'État est de se mettre au service des citoyens. Il n'est pas fait pour aliéner les uns ou pour aider les autres à faire de belles carrières personnelles.

264 « La bonne politique est d'y servir et de s'en servir. »

E. Renan, *La Réforme intellectuelle et morale de la France*, 1871.

265 « S'agissant d'un chef politique, le crime n'est jamais de vouloir le pouvoir mais de le vouloir sans autre objet que de s'y trouver. »

F. Giroud,
La Comédie du pouvoir, 1979.

La volonté d'un chef politique doit être d'acquérir le pouvoir pour faire triompher ses idées et pour que ses compatriotes connaissent enfin le bonheur que ses idées, pense-t-il, peuvent contribuer à établir sur la terre.

266 « Les Français aiment les rois, ne serait-ce que pour avoir le plaisir de leur couper la tête de temps en temps. »

F. Giroud, *Id.*

267 « Seul le président de la république est en position de n'avoir jamais du 'bien commun' une vue biaisée par des considérations de carrière. »

F. Giroud, *Id.*

Le président de la république est arrivé au sommet de sa carrière : il ne peut espérer monter plus haut. Il est donc libre de toute considération intéressée de carrière personnelle et peut se consacrer au « bien commun ».

268 « Tout pouvoir sans contrôle rend fou. »

Alain,
Politique, 1951.

269 « C'est une expérience éternelle que tout homme qui a du pouvoir est porté à en abuser. Il va jusqu'à ce qu'il trouve des limites. »

Montesquieu,
De l'Esprit des lois, 1748.

270 « La raison du plus fort est toujours la meilleure. »

La Fontaine, *Fables*,
« Le Loup et l'Agneau », 1671.

271 « Par tous les moyens, fussent-ils légaux. »

G. Bernanos,
Nous autres Français, 1939.

Nous sommes habitués à ce qu'un gouvernement utilise des moyens illégaux pour parvenir à ses fins : ainsi Bernanos ironise en disant que l'État se servira même de moyens légaux.

272 « Une personne, fût-elle au plus haut niveau d'une carrière politique ou administrative, ne s'oppose pas sans risque au président de la république. »

F. Giroud,
La Comédie du pouvoir, 1979.

Le président de la république représente l'autorité qu'on ne peut pas contester. Il est l'homme le plus puissant de la nation, il est l'État que l'on ne remet pas en question.

273 « L'État c'est moi. »

Mot attribué
à Louis XIV.

274 « Il n'a pas de pouvoir, il y a l'abus de pouvoir, c'est tout. »

H. de Montherlant,
Le Cardinal d'Espagne, 1960.

Il est toujours délicat de posséder le pouvoir. Son exercice est si agréable qu'il est tentant d'en abuser.

275 « Longtemps j'ai cherché à comprendre sans y parvenir ce qui rend les ministres si heureux de l'être quoi qu'ils prétendent. Maintenant [...] je crois le savoir. C'est la dilatation du moi, que la fonction provoque. »

F. Giroud,
La Comédie du pouvoir, 1979.

Avoir accès à un poste de dirigeant enorgueillit un être : son moi se dilate.

276 « C'est le politique qui devient aujourd'hui valeur suréminente par rapport à laquelle s'ordonnent les autres. »

J. Ellul,
L'Illusion politique, 1964.

Le politique est ce qui est relatif à la cité, au gouvernement de l'État.

277 « Le moment le plus dangereux pour un gouvernement est d'ordinaire celui où il commence à se réformer. »

A. de Tocqueville,
L'Ancien Régime et la Révolution, 1856.

Lorsqu'un gouvernement se remet lui-même en doute, lorsqu'il fait son autocritique et commence à se réformer, il est fragile et prête le flanc aux critiques et aux attaques. Le propre d'un pouvoir est peut-être de demeurer fort, de ne pas se mettre en question, quoi qu'il en soit de ses échecs.

278 « Il ne faut pas être plus royaliste que le roi. »

Chateaubriand,
La Monarchie selon la charte, 1816.

279 « Vous avez beau ne pas vous occuper de politique, la politique s'occupe de vous. »

Mot attribué à M.-R. de Montalembert (1810-1870).

La politique n'est pas seulement dans les débats politiciens que nous pouvons bien ne pas suivre. Tout est politique : notre façon de communiquer avec les autres, de travailler, de prendre position sur les problèmes de notre temps, etc.

280 « Le Prolétariat tient pour l'humanité contre les Pouvoirs. »

Alain,
Mars ou la Guerre jugée, 1821.

Le prolétariat défend l'homme contre les pouvoirs abusifs.

281 « La suppression de la propriété privée des moyens de production constitue-t-elle un moyen de libération ou le contraire ? »

G. Vedel,
Le Monde, mars 1976.

282 « Résistance et obéissance, voilà les deux vertus du citoyen. Par l'obéissance, il assure l'ordre, par la résistance, il assure la liberté. »

Alain,
Propos d'un Normand, 1906.

283 « Si nationalité, c'est contentement, État, c'est contrainte. »

Amiel,
Journal intime, décembre 1863.

Les hommes aiment se trouver formant un groupe homogène fondé sur l'idée de leur nationalité commune, de leur culture commune. Ils ressentent en revanche l'État comme une contrainte, comme une limite à leur liberté individuelle.

284 « Il faut suivre la foule pour la diriger. Lui tout céder pour tout lui reprendre. »

A. Artaud, Lettre à Mme Alendy,
in *Œuvres complètes*, 1956.

L'homme politique doit faire preuve de démagogie pour diriger le peuple.

285 « Les rois aiment plus qu'on ne le croit la contradiction. »

Balzac,
Le Bal de Sceaux, 1830.

Il est possible de contester l'autorité absolue. Un roi, ou un président de la république, peut même apprécier que l'on n'hésite pas à le faire : il se sent alors de nouveau capable de dialoguer d'égal à égal, ce dont sa fonction ne lui donne plus de nombreuses occasions.

286 « Un pouvoir impunément bravé touche à sa ruine. »

Balzac,
La Peau de chagrin, 1831.

Le pouvoir ne peut pas être bravé sans être gravement remis en question. Qui veut conserver son autorité doit punir lorsqu'on le brave.

287 « Le despotisme fait illégalement de grandes choses. La liberté ne se donne même pas la peine d'en faire légalement de petites. »

Balzac, *Id.*

288 « Tout pouvoir est une conspiration permanente. »

Balzac,
Sur Catherine de Médicis, 1830.

289 « Les lois sont des toiles d'araignée à travers lesquelles passent les grosses mouches et où restent les petites. »

Balzac,
La Maison Nucingen, 1838.

Les « grosses mouches », c'est-à-dire les personnalités en vue, les gens importants, passent au travers des lois ; les lois ne sont pas faites pour les « grosses mouches ».

290 « Les dictatures sont un grand effort manqué des peuples pour échapper au dégoût, à ce désœuvrement de l'âme. »

G. Bernanos,
Nous autres Français, 1939.

Les hommes s'ennuient. Leur désir de grandeur s'est étiolé ou perdu avec le temps et les déceptions. Il reste pour eux le dégoût. Pour retrouver leurs rêves perdus, ils donnent la parole à des tyrans qui semblent faire de grandes œuvres et réaliser un de leurs rêves d'enfance : celui de la domination absolue.

291 « Pour défendre l'existence de la nation, s'il avait fallu aller jusqu'à l'illégalité, je n'aurais pas hésité. »

A. Briand (1862-1932),
Discours devant le parlement.

Même l'illégalité est défendable lorsqu'un grand but est à atteindre. Elle n'est plus qu'un moyen mis au service d'une grande cause.

292 « Toute forme de mépris, si elle intervient en politique, prépare ou instaure le fascisme. »

A. Camus,
L'Homme révolté, 1951.

Le respect des hommes pour les hommes garantit la démocratie.

293 « Il est plus laborieux de conduire les hommes par la persuasion que par le fer. »

P. Claudel,
La Ville, 1890.

294 « Je ne veux point de rois qui sachent obéir. »

Corneille,
Le Cid, 1637.

295 « Toutes les fois que les gouvernements prétendent faire nos affaires, ils les font plus mal et plus dispendieusement que nous. »

B. Constant,
Cours de politique constitutionnelle, 1818-20.

Les citoyens ne doivent pas tout attendre de l'État. Ils doivent se prendre en charge eux-mêmes car ils sont capables de régler parfois mieux leurs difficultés que ne le feraient leurs représentants officiels.

296 « L'arbitraire n'est pas seulement funeste lorsqu'on s'en sert pour le crime. Employé contre le crime, il est encore dangereux. »

B. Constant,
Des Réactions politiques, 1797.

Il ne faut jamais user d'arbitraire en politique : ni pour faire le mal, ni pour punir le mal. La violence, l'injustice, le despotisme ne se justifient jamais, même s'ils sont utilisés en prévision d'un plus grand bien.

297 « Pour grands que soient les rois, ils sont ce que nous sommes :
Ils peuvent se tromper comme les autres hommes. »

Corneille,
Le Cid, 1637.

298 « Le gouvernement est stationnaire, l'espèce humaine est progressive. Il faut que la puissance du gouvernement contrarie le moins qu'il est possible la marche de l'espèce humaine. »

B. Constant,
Réflexions sur les constitutions, 1814.

L'homme est en constante évolution. Le gouvernement freine cette évolution car il lui fixe des règles qui sont censées l'ordonner et la diriger.

299 « L'homme politique prétend réaliser sa prévision : il prétend forcer l'avenir, le rendre conforme. Sans cette prétention, il n'y a pas de politique. »

J. Ellul,
L'Illusion politique, 1964.

L'homme politique a un projet pour la réalisation duquel il met tout en œuvre.

300 « Les lois se maintiennent en crédit non parce qu'elles sont justes, mais parce qu'elles sont lois. »

Montaigne, *Essais*, III, 13, 1580.

La loi n'a pas besoin d'être juste. Elle doit être respectée même si elle est arbitraire, seulement parce qu'elle est la loi.

301 « À force d'être juste, on est souvent coupable. »

Corneille,
La Mort de Pompée, 1644.

La justice ne paie pas toujours : on n'ose pas attaquer ouvertement l'homme qui se montre injuste alors qu'on n'hésite pas à attaquer celui qui est juste et sans défense.

302 « L'esprit d'égalité extrême conduit au despotisme d'un seul. »

Montesquieu,
De l'Esprit des lois, 1748.

Lorsqu'on pense que les hommes ne sont pas tous égaux entre eux, on justifie le fait qu'une classe sociale soit dirigeante : l'aristocratie est supérieure au peuple et le dirige. Si l'on pense que les hommes sont tous égaux entre eux, il n'y a aucune raison pour qu'une classe sociale ait le pouvoir sur les autres : n'importe quel homme, guidé par le désir de puissance personnelle et avide de commander, peut très bien s'emparer à son compte du pouvoir et agir en véritable despote.

303 « Un roi n'est pas dans la nature ; il n'est que dans la civilisation. »

Napoléon, cité par Las Cases
dans le *Mémorial de Sainte-Hélène*, 1822-29.

Il n'y a pas de fondement naturel à la prise du pouvoir d'un seul sur tous les autres : c'est la civilisation qui a suscité chez les hommes le désir ou le besoin de domination. Lorsque les mœurs étaient naturelles, les hommes vivaient en liberté. Depuis que la culture s'en est mêlée, que la propriété est apparue, que la société s'est développée, une hiérarchie s'est imposée entre les hommes, et chacun a désiré avoir ou être plus que son voisin. Un roi a été alors le bienvenu : il possédait le pouvoir absolu et s'occupait d'en distribuer des miettes autour de lui, de façon organisée et ordonnée.

304 « La liberté est le droit de faire ce que les lois permettent. »

Montesquieu,
De l'Esprit des lois, 1748.

La liberté ne peut être trouvée par les citoyens qu'à l'intérieur du cadre plus ou moins étroit des lois.

305 « Les lois inutiles affaiblissent les lois nécessaires. »

Montesquieu, *Id.*

Il ne faut pas accabler le peuple de lois inutiles : il ne pourra plus supporter alors et respecter celles qui sont utiles et nécessaires.

306 « Ce chien est à moi, disaient les pauvres enfants, c'est là ma place au soleil. Voilà le commencement et l'image de l'usurpation de toute la terre. »

Pascal,
Pensées, 1670.

307 « Les peuples démocratiques haïssent souvent les dépositaires du pouvoir central ; mais ils aiment toujours ce pouvoir lui-même. »

A. de Tocqueville,
De la démocratie en Amérique, 1835-1840.

Il y a toujours dans la haine que le peuple ressent pour ses dirigeants une bonne dose d'envie et de jalousie pour le pouvoir qu'ils exercent.

308 « Je suis contre tous les systèmes, le plus acceptable des systèmes est celui de n'en avoir par principe aucun. »

T. Tzara,
Manifeste Dada, 1918.

309 « Au plus élevé trône du monde, si ne sommes assis que sur notre cul. »

Montaigne,
Essais, II, 17, 1580.

Si signifie « pourtant ».

310 « L'homme est en proie à l'homme, un loup à son pareil. »

A. d'Aubigné,
Les Tragiques, 1616.

311 « Aucun homme n'a reçu de la nature le droit de commander les autres. »

Diderot,
Encyclopédie, 1765.

Tous les hommes sont égaux. On ne peut donc pas imaginer qu'un homme se mette au-dessus des autres.

312 « L'autorité, c'est moins la qualité d'un homme qu'une relation entre deux êtres. »

M. Barrès,
L'Ennemi des lois, 1893.

L'autorité ne doit pas se présenter comme le pouvoir absolu d'une personne sur une autre personne. Elle est faite de respect mutuel, et si elle s'installe, c'est avec l'agrément des deux personnes concernées.

313 « Ce n'est point le corps des lois que je cherche, mais leur âme. »

Montesquieu,
De l'Esprit des lois, 1748.

314 « Tout pouvoir humain est un composé de patience et de temps. Les gens puissants veulent et veillent. »

Balzac,
Eugénie Grandet, 1833.

Pour acquérir le pouvoir, il ne faut pas user de violence. Il faut seulement vouloir avec force et conviction, et attendre.

315 « L'individu qui pense contre la société qui dort, voilà l'histoire éternelle. »

Alain, *Politique*, 1951.

L'individu pense, il n'agit pas. La société ne pense pas et n'agit pas non plus.

316 L'État : « Il ment froidement et voici le mensonge qui rampe de sa bouche : 'Moi, l'État, je suis le peuple'. »

F. Nietzsche,
Ainsi parlait Zarathoustra, 1885.

L'État nous fait croire qu'il représente le peuple. Ce n'est qu'un mensonge.

317 « L'État est l'organisation spéciale d'un pouvoir : c'est l'organisation de la violence destinée à mater une certaine classe. »

Lénine,
L'État et la révolution, 1918.

318 « Pour moi, j'appelle Terreur tout régime où les citoyens, soustraits à la protection de la loi, n'attendent plus la vie ou la mort que du bon plaisir de la police d'État. »

G. Bernanos,
Les Grands Cimetières sous la lune, 1938.

319 « L'homme juste produit la justice hors de lui parce qu'il porte la justice en lui. »

Alain, *Cent un propos*,
« De 1908 à 1928 ».

L'homme juste ne fera que des œuvres justes.

320 « L'homme est un être raisonnable. Mais les hommes le sont-ils ? »

R. Aron,
Dimension de la conscience historique, 1985.

L'homme en tant qu'homme est probablement raisonnable. Mais les hommes ensemble sont-ils capables de faire preuve de raison ? Agissent-ils de façon raisonnable ?

2. La démocratie

321 « L'amour de la démocratie est celui de l'égalité. »

Montesquieu,
De l'Esprit des lois, 1748.

La démocratie est fondée sur le principe de l'égalité des citoyens. Elle est le gouvernement du peuple par le peuple pour le peuple.

322 « La démocratie, plus qu'aucun autre régime, exige l'exercice de l'autorité. »

Saint-John Perse, Discours sur Briand,
in *Œuvres complètes*, 1972.

Saint-John Perse énonce un apparent paradoxe : la démocratie est le gouvernement du peuple par le peuple pour le peuple. Pourquoi l'État devrait-il faire preuve, plus que dans une autre forme de gouvernement, d'autorité ? L'État démocratique a pour but de réprimer les intérêts individuels, tous divergents, au profit de l'intérêt collectif : il doit donc faire preuve d'autorité pour éviter tout débordement.

323 « La démocratie est d'abord un état d'esprit. »

P. Mendès France,
La République moderne, 1962.

La démocratie part du principe que les hommes sont égaux. C'est l'acceptation de ce principe qui fait la démocratie.

324 « La faiblesse des démocraties, c'est qu'il leur faille, trop souvent, se renier pour survivre. »

J. Rostand,
Inquiétudes d'un biologiste, 1967.

Les démocraties sont fondées sur un bel idéal : l'égalité et le bonheur de tous, le droit de chacun à la liberté. Mais les gouvernants sont quelquefois dans l'obligation de faire fi de leurs principes pour que la société ne se désagrège pas.

325 « Non seulement l'état d'esprit démocratique vient de l'inspiration évangélique, mais il ne peut pas subsister sans elle. »

J. Maritain,
Christianisme et Démocratie, 1945.

Le Christ a établi la première société démocratique : les hommes sont tous égaux, les faibles valent les forts et même les dépasseront dans le royaume des cieux. L'état d'esprit démocratique est né de l'esprit des Évangiles, et ne continue de vivre que par lui.

326 « J'ai vu des démocraties intervenir contre à peu près tout, sauf contre les fascismes. »

A. Malraux, *L'Espoir*, 1937.

Cette phrase de Malraux est d'actualité : contre quels abus les démocraties doivent-elles intervenir, et où ? Les démocraties n'interviennent-elles pas seulement lorsque leurs intérêts économiques sont menacés ?

327 « La terreur ne réussit pas à la démocratie parce que la démocratie a besoin de justice et que l'aristocratie et la monarchie peuvent s'en passer. »

E. Quinet, *La Révolution*, 1865.

328 « Le véritable progrès démocratique n'est pas d'abaisser l'élite au niveau de la foule mais d'élever la foule vers l'élite. »

G. Le Bon, *Hier et Demain*, 1918.

Pour une égalité, un « nivellement » par le haut.

329 « Les petits démagogues disent gravement que le gouvernement doit être la simple expression, l'instrument des volontés de l'opinion. »

J. Ellul, *L'Illusion politique*, 1964.

Les petits démagogues expliquent que l'opinion publique est sage : le gouvernement devrait donc l'écouter. Mais en réalité, le gouvernement sait ce qu'il a à faire : il doit poursuivre son objectif, qu'il estime excellent, même si celui-ci ne contente pas dans l'immédiat l'opinion car il travaille pour le bien à venir de son peuple et non pour le flatter et le satisfaire à court terme.

330 « Ne cherche pas à n'avoir pas de maître, mais à n'avoir que ses égaux pour maîtres. »

Montesquieu,
De l'Esprit des lois, 1748.

L'esprit démocratique suppose que tous les hommes sont égaux. Si l'un d'eux a le pouvoir, c'est qu'il est délégué par ses semblables pour l'exercer en leur nom et pour leur bien à tous.

331 « Il ne peut y avoir de démocratie humaine que si l'homme est décidé à tout ramener à l'usage d'une droite raison. »

J. Ellul,
L'Illusion politique, 1964.

La démocratie exige que les hommes fassent preuve de droiture et de maturité : ils doivent se montrer tous raisonnables et responsables d'eux-mêmes.

332 « À former ensemble un projet, à le conduire jusqu'à sa réalisation, on apprend à la fois la démocratie et la responsabilité qui en est inséparable. »

F. Giroud,
La Comédie du pouvoir, 1979.

C'est dans la vie quotidienne que les gens peuvent le mieux saisir le sens de la démocratie : lorsqu'ils élaborent ensemble un projet, ils se mettent en position d'assumer des responsabilités, d'élire un délégué qui les représentera dans les actions à mener.

333 « Il n'a jamais existé de véritables démocraties et il n'en existera jamais. Il est contre l'ordre naturel que le grand nombre gouverne et que le petit soit gouverné. »

J.-J. Rousseau,
Du Contrat social, 1762.

Voltaire et Rousseau ont fait ailleurs plusieurs éloges de la démocratie, mais ils ne la croient pas applicable, du moins à de grands États.

334 « Pour qu'il y ait démocratie, il faut qu'il y ait participation du citoyen. »

J. Ellul,
L'Illusion politique, 1964.

335 « Choisir les gouvernants par l'élection, c'est bien. Ne pas compter sur eux pour changer, ni même gérer la vie, c'est mieux. »

F. Giroud,
La Comédie du pouvoir, 1979.

Les citoyens se choisissent des gouvernants qui les représentent. Ils ne doivent pourtant pas se reposer entièrement sur eux pour régler toutes leurs difficultés. Par leurs efforts, par la solidarité qui se noue entre eux, les hommes peuvent, en partie et à leur mesure, régler certains problèmes de société dont ils souffrent comme le chômage par exemple...

336 « Il convient [...] pour qu'une démocratie existe de maintenir avec intransigeance les différenciations qui provoquent la communication, la relation. »

J. Ellul,
L'Illusion politique, 1964.

Dans un même pays, sont réunies différentes minorités ethniques, linguistiques, culturelles. Plusieurs tentatives sont faites pour que tous ces groupes soient intégrés au groupe dominant. Mais Jacques Ellul pense que ces minorités devraient conserver leurs particularités qui font toute leur richesse et qui permettent au dialogue de s'établir dans un même pays. En effet, plus les gens sont différents entre eux, plus ils ont besoin, pour se comprendre, de communiquer et d'échanger.

337 « La démocratie est un État où le peuple souverain, guidé par des lois qui sont son ouvrage, fait par lui-même tout ce qu'il peut bien faire, et par des délégués tout ce qu'il ne peut faire lui-même. »

Robespierre, Discours du 18 pluviôse,
an II (février 1794).

Voilà une définition de la démocratie : le peuple fait les lois, gouverne en respectant ces lois qu'il a faites, et élit des représentants chargés de faire en son nom les choses dont il ne peut pas se charger lui-même car elles demandent trop de temps, une spécialisation, des connaissances précises, etc.

338 « La démocratie, ce n'est pas la loi de la majorité, mais la protection de la minorité. »

A. Camus,
Carnets, 1935-1951.

339 « Tous les pays, tous les peuples, tous les hommes, sont propres à la liberté par leurs qualités différentes : tous y arriveront à leur manière. »

Mme de Staël, *Considérations sur les principaux événements de la Révolution française*, 1818.

340 « Nous sommes tous également hommes, mais non membres égaux de la société. »

Voltaire, *Pensées sur l'administration*,
in *Œuvres de Voltaire*, 1789.

341 « Il est faux que l'égalité soit une loi de nature. La nature n'a rien fait d'égal ; la loi souveraine est la subordination et la dépendance. »

Vauvenargues,
Réflexions et Maximes, 1746.

Vauvenargues réfute le principe de l'égalité entre les hommes, sur lequel repose la démocratie.

3. Une société universelle

342 « La folie du moment est d'arriver à l'unité des peuples et de ne faire qu'un seul homme de l'espèce entière. »

Chateaubriand,
Mémoires d'outre-tombe, 1841.

Que l'espèce humaine soit « un seul homme », soit. Mais ne peut-on pas craindre, s'interroge Chateaubriand, que l'homme ne se trouve étouffé sous la masse de ses nombreux compatriotes et qu'il ne trouve plus même un « frère », un véritable ami, enfin une personne appartenant au cercle étroit d'une « famille », naturelle ou culturelle, qu'il aime trouver réunie autour de lui ?

343 « Quelle serait une société universelle qui n'aurait point de pays particulier [...], qu'en résulterait-il pour ses mœurs, ses sciences, ses arts, sa poésie ? »

Chateaubriand, *Id.*

Chaque nation serait-elle capable de conserver sa culture propre en cas de « société universelle » ? Peut-on réunir les pays et maintenir tout de même intactes les différences, les particularités de chacun d'entre eux ?

344 « Il y a aujourd'hui une nationalité européenne comme il y avait, au temps d'Eschyle, de Sophocle, une nationalité grecque. »

V. Hugo,
Les Burgraves, Préface, 1843.

La nationalité grecque était fondée autour de valeurs culturelles importantes et influentes dans le monde du ve siècle avant J.-C. De la même façon, au XIXe siècle, la culture européenne rayonne dans le monde.

345 « Par-devant l'Europe, la France, sachez-le, n'aura jamais qu'un seul nom, inexpiable, qui est son vrai nom éternel : la révolution. »

J. Michelet,
Le Peuple, Introduction, 1846.

La France est en Europe, dès la fin du XVIIIe siècle, un modèle en matière de révolution.

346 « De la fusion des sociétés, résultera-t-il un idiome universel, ou bien y aura-t-il un dialecte de transaction servant à l'usage journalier, tandis que chaque nation parlerait sa propre langue ou bien les langues diverses seraient-elles entendues de tous ? »

Chateaubriand,
Mémoires d'outre-tombe, 1841.

Au problème de la compréhension entre nations que pose tout projet de société universelle, Chateaubriand propose plusieurs réponses. Ces questions et réponses sont d'actualité : de nos jours, il est tout à fait souhaitable de parler et de comprendre l'anglais pour travailler en Europe. D'autre part, des tentatives de création d'idiome universel, comme l'Espéranto, sont faites.

347 « Si je savais quelque chose utile à ma patrie et qui fut préjudiciable à l'Europe, ou bien qui fut utile à l'Europe et préjudiciable au genre humain, je le regarderais comme un crime. »

Montesquieu, *Mes Pensées*, 1899.

On est avant tout homme, ensuite membre d'une communauté plus ou moins large, l'Europe par exemple, enfin citoyen d'un pays.

348 « J'estime tous les hommes nos compatriotes et embrasse un Polonais comme un Français, postposant [= subordonnant] cette liaison nationale à l'universelle et commune. »

Montaigne, *Essais*, III, 9, 1580.

La « liaison universelle » entre hommes est plus large que la liaison nationale. Chaque homme est membre de la race humaine et les étrangers ne sont pas moins nos compatriotes que les Français.

349 « Une guerre entre Européens est une guerre civile. »

V. Hugo, *Carnets*,
éd. posthume, 1952.

Tout se passe comme si les Européens étaient membres d'un seul et même pays. L'Europe forme presque un pays unique.

350 « Je suis homme avant d'être Français. »

Montesquieu, *Mes pensées*, 1899.

III. Progrès

1. Le progrès et les techniques

351 L'an 2000 : « Il abrite des horreurs ou des merveilles qui ne sont pas encore réalisées mais dont on croit pouvoir dire qu'elles seront presque certainement réalisées. »

G. Klein, Préface à *Histoires de l'an 2000*, 1985.

352 « Faire face à l'an 2000, c'est donc au moins depuis quelques décennies, décrire un avenir en quelque sorte déjà certain. »

G. Klein, *Id.*

On se souvient des idées millénaristes de nos ancêtres qui attendaient en l'an mille le jugement dernier promis par Dieu. Les millénaires ne passent pas inaperçus, ils frappent les esprits. À l'aube du deuxième millénaire, on entend dire que l'histoire et le progrès sont arrivés à leur terme et que rien de nouveau ne peut survenir. Des millénaires, les hommes attendent des merveilles, ou des catastrophes irrémédiables. Et ils les ont attendues avec impatience : une pendule géante a effectué, devant le centre Georges Pompidou, le compte à rebours des secondes qui nous séparaient de l'an 2000. Pourtant, affirme G. Klein, tout est prévisible de ce qui se produira, rien d'extraordinaire ne nous tombera dessus, nous connaissons déjà ces nouveautés tant espérées, nous sommes déjà en l'an 2000.

353 « La société moderne est désormais un ensemble de problèmes techniques à résoudre. »

G. Bernanos, *La France contre les robots*, 1944.

354 « Le passé ne nous livre plus de quoi féconder l'avenir. En prendre conscience, c'est créer du même coup, nos chances de renaissance. »

J.-J. Servan-Schreiber,
Le Défi mondial, 1988.

La plupart des sociologues, journalistes, économistes, hommes politiques, philosophes, présentent un tableau bien noir de cette fin de siècle : nous ne savons plus nous y prendre pour vivre. Nous sommes à une période charnière où, pour subsister, nous devons changer radicalement de voie. Ce qui a fonctionné jusqu'à présent ne fonctionnera plus. Pourquoi, à la fin du XXe siècle, assiste-t-on à un tel bouleversement de tout ce qui était jusque-là établi ? Ce changement est-il un réel tournant dans l'histoire des hommes ou n'est-il qu'un changement tel que chaque fin de siècle en connaît ?

355 « Les vrais hommes de progrès sont ceux qui ont pour point de départ un respect profond du passé. »

E. Renan,
Souvenirs d'enfance et de jeunesse, 1883.

Les progrès ne se font pas violemment et sans préparation : ils ne sont que la continuation des progrès du passé. L'homme est un être voué au perfectionnement constant, continu. Il n'y a pas de rupture dans l'histoire de ses évolutions.

356 « Ni despotisme ni terrorisme. Nous voulons le progrès en pente douce. »

V. Hugo,
Les Misérables, 1862.

357 À propos de l'an 2000 : « Quelle tension nerveuse pour n'oublier aucun des boutons à presser ou ne pas presser, sous peine de déclencher des cataclysmes ! »

P. Curier (1789-1832), Avertissement à
Pages commentées d'auteurs contemporains.

Voilà une image négative de l'an 2000 et du progrès. L'homme a inventé les moyens techniques de sa perte. En l'an 2000, les hommes passeront leur temps à presser des boutons, tout se fera par le biais de machines et de robots, et ces boutons et ces machines ne seront pas inoffensifs.

358 « Nous disposons, dans nos régions d'Europe occidentale, d'une possibilité remarquable et presque illimitée : la capacité d'innover. »

L. Leprince-Ringuet,
La Potion magique, 1981.

Certes, nous ne pouvons par exemple pas trouver de pétrole où il n'y en a pas, ni agrandir le territoire qui devient petit pour ses habitants. Mais nous pouvons trouver les idées qui pallient le manque de pétrole ou d'espace.

359 « Des millions d'hommes, chaque jour, gagnent leur vie en participant à la mise au point et à la production de moyens de destruction qui ne peuvent que faire gagner la mort. »

A. Jacquard, *Cinq milliards d'hommes dans un vaisseau*, 1987.

360 « Les biologistes d'aujourd'hui sont des sorciers qui préparent un monde où rien ne se passera plus comme auparavant. »

R. Clarke,
Les Enfants de la science, 1982.

Le XXe siècle est le siècle de la rupture : le progrès n'avance plus en pente douce mais il prépare un autre monde où les données de base de la vie et de la mort par exemple seront transformées : on choisira les traits de ses futurs enfants et leur caractère, ceux-ci naîtront peut-être des hommes et non plus des femmes, la mort sera reculée au maximum et le temps d'une vie humaine doublée, triplée...

361 « Nous vivons dès maintenant un hiver affectif préfigurant l'hiver nucléaire qui nous menace. »

A. Jacquard, *Cinq milliards d'hommes dans un vaisseau*, 1987.

Nous manquons, en ce XXIe siècle, de tendresse et de relations humaines intenses : tout va si vite que nous n'avons plus le temps de nous regarder ou de nous aimer. Cet hiver affectif annonce la catastrophe nucléaire qui peut à tout moment nous anéantir. Après la disparition de l'amour entre les hommes, les hommes eux-mêmes disparaîtront.

362 « Il est magnifique d'envoyer des hommes sur la Lune, entend-on dire souvent, mais ne ferait-on pas mieux d'employer nos efforts à soulager la misère humaine ? »

J. Fourastié,
La Civilisation de 1995, 1985.

363 « La marche progressive de l'humanité moderne augmente graduellement et dans une proportion plus ou moins rapide, le nombre de ceux qui sont portés à recourir à la charité. »

A. de Tocqueville,
Mémoire sur le paupérisme, 1856.

Le progrès et les techniques modernes n'ont réussi qu'à augmenter le nombre des marginaux, délinquants, pauvres.

364 « Les conditions de vie moderne tendent inévitablement, implacablement à égaliser les individus, à égaliser les caractères et c'est malheureusement et nécessairement sur le type le plus bas que la moyenne tend à se réduire. »

P. Valéry,
Variété, 1924-1944.

365 « Tout nous commande, tout nous presse, tout nous prescrit ce que nous avons à faire et nous prescrit de le faire automatiquement. »

P. Valéry, *Id.*

Nous sommes tenus par des horaires précis : les trains à prendre, les horaires de bureau, les repas, les rendez-vous précis à respecter.

366 La civilisation moderne : « Elle est parfaitement en mesure d'amener le citoyen à troquer ses libertés supérieures, le droit à la liberté de penser [...] contre le droit à la radio et au cinéma quotidien. »

G. Bernanos,
La France contre les robots, 1944.

La radio et le cinéma quotidien ne nous enseignent pas à penser librement : ils nous apprennent à penser comme tout le monde. La société moderne est une société qui nous apprend à être comme tout le monde, à nous fondre dans la masse.

367 « La seule liberté qui compte pour moi [...], c'est de me réaliser, de chercher, de trouver et de vivre ma vérité, non celle des autres. »

D. de Rougemont,
Lettre ouverte aux Européens, 1970.

368 « Nous commençons à nous rendre compte qu'il peut y avoir dissociation entre quantité de biens, de produits par exemple, et qualité de la vie. »

E. Morin,
Science avec conscience, 1982.

369 « À partir d'un certain seuil, la croissance peut produire plus de nuisances que de bien-être. »

E. Morin, *Id.*

370 « Le dix-neuvième siècle est grand, mais le vingtième sera heureux. »

V. Hugo,
Les Misérables, 1862.

371 « Dès l'instant qu'un homme eut besoin du secours d'un autre, dès qu'on s'aperçut qu'il était utile à un seul d'avoir des provisions pour deux, l'égalité disparut, la propriété s'introduisit, le travail devint nécessaire. »

J.-J. Rousseau, *Discours sur l'origine de l'inégalité parmi les hommes*, 1755.

Rousseau décrit l'établissement naissant de ce que l'on appelle la société. Deux hommes s'assemblent et l'égoïsme apparaît : chacun veut accumuler plus de biens que son voisin.

372 « L'ordinateur, s'il facilite et accélère la recherche des informations, a indexé, fiché, numéroté l'individu, a somme toute restreint la liberté individuelle. »

Cl. Zylberberg,
Le Monde, octobre 1979.

373 « Le téléphone, en rendant la communication facile et rapide, l'a, simultanément, rendue superficielle. »

Cl. Zylberberg, *Id.*

Que peut-on dire au téléphone qui dépasse l'information (on y annonce des nouvelles), ou le bavardage ? Lorsque deux personnes sont l'une en face de l'autre, les silences qui précèdent les paroles difficiles à prononcer sont accompagnés de regards qui les rendent supportables. Au téléphone, on ne raconte que ce qu'il est facile de raconter.

374 « Nous approchons de l'an 2000 au milieu des mêmes fables et des mêmes terreurs que nos ancêtres d'il y a dix siècles, sans plus de rationnel qu'eux. Nous sommes en plein millénarisme. »

J.-Cl. Sourmia,
Le Monde, 1974.

Le millénarisme est la croyance selon laquelle le Messie doit régner mille ans sur terre après quoi survient le jugement dernier. À l'approche de l'an 1000, on attendait la fin du monde et le jugement dernier. À l'approche de l'an 2000, on attend un nouveau monde, digne des romans de science-fiction.

375 « L'humanité gémit, à demi écrasée sous le poids des progrès qu'elle a faits. »

H. Bergson, *Les deux sources de la morale et de la religion*, 1932.

376 « Chaque progrès de la science effraie. »

J.-Cl. Sourmia,
Le Monde, 1974.

377 « À partir de la bombe atomique, et même bien avant, on a compris que ce que le XIXe siècle avait appelé 'progrès' exigeait une lourde rançon. »

A. Malraux,
Postface des *Conquérants*, 1928.

378 « Si la peur de l'an mille fut celle de l'ignorance et de la superstition, la peur de l'an deux mille, celle de la science et de la technique, est pour notre basse époque, plus terrifiante encore. »

R. Debré, *Ce que je crois*,
Texte donné au baccalauréat en juin 1981.

Le moyen-âge connaissait des peurs bien légitimes : les enfants par exemple mouraient souvent en bas âge. À l'aube de l'an deux mille les progrès de la médecine sont tels que les maladies infantiles n'emportent plus que rarement les nourrissons. Mais est-ce que ces progrès ne sont pas encore plus terrifiants que les maladies mortelles d'autrefois ? La planète est-elle assez grande et assez riche pour nourrir des milliards de bouches ?

379 « Le savant n'est pas l'homme qui fournit les vraies réponses, c'est celui qui pose les vraies questions. »

Cl. Lévi-Strauss,
Le Cru et le cuit, 1964.

380 « Un monde gagné par la technique est perdu pour la liberté. »

G. Bernanos,
La France contre les robots, 1944.

381 « Vouloir être de son temps, c'est déjà être dépassé. »

E. Ionesco,
Notes et contre-notes, 1962.

Le temps court : les progrès, les inventions succèdent aux progrès, aux nouvelles inventions. On ne s'arrête jamais si l'on veut suivre le temps.

382 « La question du sort de l'espèce humaine me semble se poser ainsi : le progrès de la civilisation humaine saura-t-il, [...] dominer les perturbations apportées par la vie en commun, par les pulsions humaines d'agression et d'autodestruction ? »

Freud,
Malaise dans la civilisation, 1929.

Le progrès devrait servir à empêcher les hommes de s'autodétruire et de se faire du mal. Il devrait empêcher les guerres, le mal, la violence, les dictatures.

383 « Nos vies perdraient leur sens si vraiment nous cessions de croire qu'un lendemain plus vaste et plus libre reste ouvert. »

D. de Rougemont,
Lettre ouverte aux Européens, 1970.

L'espoir en l'avenir est ce qui donne un sens à la vie.

384 « La machine conduit l'homme à se spécialiser dans l'humain. »

J. Fourastié,
Le Grand Espoir du XXe siècle, 1949.

Contrairement à ce que l'on peut penser, la machine n'abrutit pas l'homme mais l'aide à devenir plus humain : elle fait par exemple à sa place des travaux ingrats qui lui permettent de se consacrer entièrement à ses tâches d'être humain.

385 « Chaque progrès donne un nouvel espoir, suspendu à la solution d'une nouvelle difficulté. »

Cl. Lévi-Strauss,
Le Cru et le cuit, 1964.

Dès qu'une difficulté est résolue et un progrès effectué, vient à naître une nouvelle difficulté dont la solution amènera un nouveau progrès. Nous n'en avons jamais fini et ne vivrons peut-être jamais dans un monde parfait.

386 « Il faut se méfier des ingénieurs, ça commence par la machine à coudre, ça finit par la bombe atomique. »

M. Pagnol,
Critique des critiques, 1954.

387 « D'abord la modernité a ceci de fâcheux qu'elle passe. »

J. de Romilly,
L'Enseignement en détresse, 1984.

388 « La formule sacrée du positivisme : l'Amour pour principe, l'Ordre pour base, et le Progrès pour but. »

A. Comte,
Système de politique positiviste, 1851.

Auguste Comte est le père du positivisme. Le positivisme cherche à proposer des lois pour résoudre telle ou telle difficulté ; il ne s'intéresse pas au « pourquoi » mais au « comment ».

389 « Si les imbéciles veulent encore du gland, laissez-les en manger, mais trouvez bon qu'on leur présente du pain. »

Voltaire,
Dictionnaire philosophique, 1764.

À Rousseau qui juge que les techniques et la société ont perdu l'homme qui vivait heureux en bon sauvage avant elles, Voltaire répond que les raffinements et la culture (le pain est le symbole ici de l'aliment fabriqué, alors que le gland est l'aliment sauvage par excellence) sont tout de même bons à prendre.

390 « Regrettera qui veut le bon vieux temps
Et l'âge d'or et le règne d'Astrée [...].
Et le jardin de nos premiers parents
Moi je rends grâce à la nature sage
Qui pour mon bien m'a fait naître en cet âge. »

Voltaire,
Le Mondain, 1736.

391 Le progrès : « Il traduit notre volonté d'échapper aux fatalités. »

D. de Rougemont,
Lettre ouverte aux Européens, 1970.

Pour D. de Rougemont, l'idée de progrès est née du christianisme. En effet, avant le christianisme, on estimait que le bonheur était réservé aux temps des origines, temps perdu pour jamais, et qu'il n'y avait qu'à accepter avec soumission les jours à venir. Le christianisme introduit l'idée du jugement dernier, l'attente donc d'une fin en vue de laquelle l'homme peut se battre, car il la souhaite la plus heureuse possible. L'homme tente d'échapper à la fatalité, progresse, fait avec lui progresser l'humanité pour gagner, dans un avenir peut-être lointain, le plus grand bonheur qui soit.

392 Le progrès est : « l'augmentation continuelle des possibilités de choix qui sont offertes, tant matérielles que culturelles, à un nombre sans cesse croissant d'individus. »

D. de Rougemont, *Id.*

Pouvoir choisir son mode de vie, sa culture, son habitation, ses vacances, ses études : c'est cela même le progrès.

393 « Le progrès à l'origine signifiait une libération. »

D. de Rougemont,
Lettre ouverte aux Européens, 1970.

> L'homme se libère par le progrès car il ne reste pas soumis à la fatalité de sa condition : il se bat contre la misère, contre le temps, la maladie, la mort.

394 « Le plus simple écolier sait maintenant des vérités pour lesquelles Archimède eût sacrifié sa vie. »

E. Renan, Discours et Conférences,
in *Œuvres complètes*, éd. posthume, 1947-61.

395 « Futur ne signifie pas futurisme. Il faut que ces techniques nous restent accessibles et égoïstement utiles. La modernité pour la modernité comme statut, c'est fini. »

J. Séguéla,
Fils de pub, 1983.

> Le progrès n'est intéressant que s'il est utile et pratique, que s'il facilite la vie.

396 « L'ennemi, c'est le passé, le barbare moyen-âge [...]. L'ami, c'est l'avenir, le progrès et l'esprit nouveau [...]. »

J. Michelet,
Histoire de France, 1867.

397 « L'homme moderne est l'esclave de la modernité : il n'est point de progrès qui ne tourne à sa plus complète servitude. »

P. Valéry,
Regards sur le monde actuel, 1945.

398 « On ne comprend rien à la vie moderne si l'on n'admet pas d'abord qu'elle est une conspiration universelle contre toute espèce de vie intérieure. »

G. Bernanos,
La France contre les robots, 1944.

> La vie moderne exige de l'homme qu'il lui consacre beaucoup de temps, elle le dissipe, le met en position d'accéder à des loisirs faciles tels que le cinéma ou la télévision, et par là l'éloigne de lui-même et le pousse à renoncer à toute vie intérieure.

399 « J'ai connu le temps où le mot de moderne avait le sens de meilleur. »

G. Bernanos,
Les Grands Cimetières sous la lune, 1938.

400 « Dans le progrès humain, la part essentielle est à la force vive qu'on appelle l'homme. L'homme est son propre Prométhée. »

J. Michelet,
Histoire de France, 1867.

L'homme cherche par le progrès à se libérer de sa condition d'esclave. Il fait de lui-même un nouveau Prométhée, qui vole le feu aux dieux pour se l'attribuer.

401 « Je l'ai dit assez souvent : nous entrons dans l'avenir à reculons, et ce genre de mouvement a eu jadis son utilité et quelques heureux résultats ; mais l'écrevisse elle-même a dû y renoncer. »

P. Valéry,
Regards sur le monde actuel, 1945.

402 « En somme, à l'idole du Progrès répondit l'idole de la malédiction du progrès. »

P. Valéry, *Id.*

Dès le XVIIIe siècle, siècle des Lumières, les hommes ont vécu dans l'espoir que le progrès, tout puissant, les libérerait de leur médiocre condition. Puis ils se sont rendus compte que le progrès pouvait les asservir et se retourner contre eux. Le désenchantement fut grand.

403 « Il viendra un jour où le grand artiste sera une chose vieillie, presque inutile. »

E. Renan,
L'Avenir de la science, 1890.

404 « Eh ! de grâce, consentons qu'il y ait encore quelque chose à faire pour les siècles à venir. »

Fontenelle, *Entretiens sur la pluralité des mondes*, 1686.

405 « Le mythe du progrès était sans doute le seul en qui ces millions d'hommes pussent communier, le seul qui satisfît à la fois leur cupidité, leur moralisme sommaire et le vieil instinct de justice légué par les aïeux. »

G. Bernanos,
Les Grands Cimetières sous la lune, 1938.

Le progrès est un mythe dans lequel les hommes placent leurs espérances depuis près de deux siècles. Il est un mythe qui ne contredit aucune des valeurs auxquelles il se raccroche : le progrès n'attaque pas la morale, il est plutôt une façon d'espérer une plus grande justice sur terre car tous les hommes en verront leur sort amélioré.

406 « Mieux utilisée, la technologie pourrait fournir à chaque homme la possibilité de mieux comprendre son milieu, de le façonner de ses propres mains, de communiquer mieux que par le passé. »

Y. Illich,
Une société sans école, 1971.

407 « Dans une société qui devient de plus en plus matérialiste, le confesseur c'est le médecin. »

Barbey d'Aurevilly,
Disjecta membra, éd. posthume, 1925.

Une société matérialiste rejette la religion au profit de la science. Elle croit davantage ses médecins que ses prêtres.

408 « Évolution : Prométhée, de nos jours, serait un député de l'opposition. »

É.-M. Cioran,
Syllogismes de l'amertume, 1952.

Prométhée a volé le feu aux dieux pour le donner aux hommes. Un député de « l'opposition » est censé défendre les plus démunis.

2. Le progrès et la nature

409 « La réaction antitechnique, dont l'écologie est l'expression moderne, est dangereuse. »

J. Julliard, *Le Nouvel Observateur*, février 1993.

S'élever contre le progrès au nom de la nature et du retour à la nature est quelquefois dangereux car cela peut mener à des accidents d'un autre âge : certaines femmes, par exemple, décident d'accoucher chez elles où elles n'ont pas le matériel indispensable à la réanimation d'un nourrisson éventuellement asphyxié. Le mythe du retour à la nature est également dangereux comme idéologie : le nazisme a pratiqué dès ses débuts le culte de la nature.

410 « Dans le goût pour le naturel et l'authentique, il y a l'angoisse de l'humanité devant le gouffre béant de l'artificialisme technique. »

J. Julliard, *Id.*

411 « La nature a fait l'homme heureux et bon mais la société le déprave et le rend misérable. »

J.-J. Rousseau, *Dialogues de Rousseau juge de Jean-Jacques*, 1776.

Profession de foi de J.-J. Rousseau qui, contrairement à Voltaire, stigmatise la société, le progrès et le luxe qui l'accompagnent.

412 « C'est une triste chose de penser que la nature parle et que le genre humain n'écoute pas. »

V. Hugo, *Carnets*, éd. posthume, 1954.

La nature réclame des choses : on la viole pourtant. Parce qu'on manque d'espace, on construit par exemple des villes n'importe où. La nature peut alors se venger et provoquer des catastrophes naturelles comme des inondations ou des tremblements de terre.

413 « L'impossibilité d'outrager la nature est, selon moi, le plus grand supplice de l'homme. »

Sade, *La Nouvelle Justine*, 1797.

Même si, poussé par un désir sadique, on désire violer ou outrager la nature, cela n'est pas possible. La nature résiste, est la plus forte, se rétablit toujours.

414 « Posons donc que tout ce qui est universel, chez l'homme, relève de l'ordre de la nature. »

Cl. Lévi-Strauss,
Structure élémentaire de la parenté, 1949.

415 « Nous comprenons la Nature en lui résistant. »

G. Bachelard, *La Formation de l'esprit scientifique*, 1938.

Il faut éprouver la nature pour la comprendre, il faut voir jusqu'où il est possible d'aller sans qu'elle se révolte.

416 « Il n'y a point d'amitié possible envers les choses inanimées pas plus qu'il n'y en a de l'homme au cheval et au bœuf. »

Aristote, *Éthique à Nicomaque*, VIII, 2,
IVe siècle avant J.-C.

L'homme n'est l'ami ni des objets ni des animaux.

417 « En ce siècle où l'homme s'acharne à détruire d'innombrables formes vivantes, [...] jamais sans doute il n'a été plus nécessaire de dire [...] qu'un humanisme bien ordonné ne commence pas par soi-même mais place le monde avant la vie, la vie avant l'homme. »

Cl. Lévi-Strauss,
Mythologiques, 1968.

L'humanisme doit placer le respect du monde avant tout. L'homme ne doit pas se croire au centre de tout et se servir du monde à sa convenance : il doit servir d'abord le monde, ensuite la vie, et enfin lui-même.

418 « Nature est un doux guide, mais non pas plus doux que prudent et juste. »

Montaigne, *Essais*, III, 13, 1580.

419 « L'Écologie ressuscite le dialogue et la confrontation entre les hommes et la nature. »

E. Morin, « La Pensée écologisée »,
in *Le Monde diplomatique*, 1993.

L'écologie est à la mode. Les hommes sentent le besoin d'un retour à la nature dans une société de plus en plus industrialisée.

420 « Nous sommes de la nature et dans la nature. L'écologie ne peut esquiver ce défi : constituer un savoir sur la nature dont les humains se reconnaissent partie prenante. »

J.-P. Déléage,
Histoire de l'écologie, 1991.

421 « La Nature se rit des souffrances humaines. »

Leconte de Lisle, *Poèmes barbares*,
« La Fontaine aux lianes », 1852.

422 « Nous sommes responsables de l'univers. »

R. Magritte,
Manifeste et autres écrits, 1972.

423 « La nature est toujours là, pourtant. Elle oppose ses ciels calmes et ses raisons à la folie des hommes. »

A. Camus, *L'Été*,
« L'exil d'Hélène », 1954.

424 « L'univers nous appartient dans la proportion où nous lui appartenons. »

J. Giono,
Le Poids du ciel, 1938.

Il faut se soumettre à la nature si nous voulons la posséder.

425 « En créant les villes, en inventant le béton, le goudron et le verre, les hommes ont inventé une nouvelle jungle dont ils ne sont pas encore les habitants. »

J.-M. G. Le Clézio, *Haï*, 1971.

3. L'âge d'or

426 « Les vrais paradis sont les paradis qu'on a perdus. »

M. Proust,
À la recherche du temps perdu, 1927.

Si le progrès, qui vise pourtant au bonheur du genre humain, viole la nature, inquiète l'homme, le rend esclave de la machine, peut-être faut-il chercher ailleurs le bonheur : dans le temps mythique de l'âge d'or, dont le temps de l'enfance est comme le représentant sur terre, temps perdu pour jamais mais dont le souvenir est tel que nous savons tenir là le véritable bonheur.

427 « Quand l'homme essaie d'imaginer le Paradis sur terre, ça fait tout de suite un enfer très convenable. »

P. Claudel,
Conversation dans le Loir-et-Cher, 1935.

Lorsque l'homme (en créant, en inventant, en mettant au point toujours plus de techniques) pense établir un paradis sur terre, il construit en réalité un enfer, qui est certes très vivable. Mais le véritable paradis est au ciel.

428 « Le paradis n'est pas sur terre, mais il y en a des morceaux. Il y a sur terre un paradis brisé. »

J. Renard,
Journal, 1896.

429 « L'avenir est un paradis d'où, exactement comme de l'autre, personne n'est encore revenu. »

P. Reverdy,
En vrac, 1956.

Personne ne revient en arrière ni ne revient du ciel pour raconter le paradis rencontré là-bas, dans le futur ou dans le ciel. Nous ne pouvons que l'imaginer.

430 « L'âge d'or du genre humain n'est point derrière nous, il est devant, il est dans la perfection de l'ordre social. »

Comte de St Simon,
Réorganisation de la société européenne, 1814.

IV. Culture et éducation

1. La culture

431 « Les livres ont les mêmes ennemis que l'homme : le feu, l'humide, les bêtes, le temps. Et leur propre contenu. »

P. Valéry,
Littérature, 1929.

Les livres meurent de n'avoir rien à dire qui résiste au temps.

432 « Un livre est une bouteille jetée en pleine mer sur laquelle il faut coller cette étiquette : attrape qui peut. »

A. de Vigny,
Journal d'un poète, 1867.

Le livre vient aider les hommes. Il est un espoir pour les hommes perdus qui sauront l'attraper, le lire, s'en servir.

433 « Il meurt à juste titre dans le déshonneur celui qui n'aime pas les livres. »

Auteur anonyme,
Roman de Renard, XIIe siècle.

434 « Nathanaël, jette mon livre ! »

A. Gide,
Les Nourritures terrestres, 1897.

Ce n'est pas dans les livres que l'on apprend la vie. C'est en l'affrontant.

435 « Il n'y a pas d'homme cultivé, il n'y a que des hommes qui se cultivent. »

Maréchal Foch (1851-1896).

La culture n'est pas acquise une fois pour toutes : elle doit toujours être renouvelée, elle est une tâche ou un plaisir de chaque jour.

436 « La culture ne s'hérite pas, elle se conquiert. »

A. Malraux,
Oraisons funèbres, 1971.

La culture n'est pas donnée de père en fils : n'importe qui peut la conquérir, même s'il n'est pas né dans un milieu propice.

437 « Une culture ne meurt que de sa propre faiblesse. »

A. Malraux,
La Tentation de l'Occident, 1926.

La culture ne signifie plus ici les acquisitions personnelles d'un individu mais les habitudes intellectuelles, littéraires, artistiques de tout un peuple. Si une culture disparaît, c'est qu'elle n'était pas assez solide pour durer.

438 « Je n'hésite pas à le déclarer, le diplôme est l'ennemi mortel de la culture. »

P. Valéry, *Variété*, 1924-1944.

Ce n'est pas à l'école que la culture s'acquiert. La véritable culture est autodidacte, car alors elle est le fruit d'un véritable plaisir, d'un travail personnel et profond.

439 « Une culture mondiale est en train de naître sous nos yeux. Elle a sa langue : l'anglais. »

J. Lesbourne, *Éducation et Société : les défis de l'an 2000*, 1988.

440 « L'avenir de la société française dépendra fortement de son aptitude à concilier la vitalité de sa culture et son insertion dans la culture mondiale. »

J. Lesbourne, *Id.*

Face à la culture uniformisée qui est en train de naître et qui a l'anglais pour langue, les cultures nationales doivent s'affirmer, mais elles doivent se situer par rapport à elle si elles ne veulent pas mourir.

441 « La culture, c'est ce qui demeure dans l'homme, lorsqu'il a tout oublié. »

E. Herriot,
Notes et Maximes, 1961.

442 « Le rôle primordial de la culture est d'assurer l'existence du groupe comme groupe. »

Cl. Lévi-Strauss,
Structure élémentaire de la parenté, 1949.

443 La culture est l'ensemble de : « toutes nos habitudes ou aptitudes apprises par l'homme en tant que membre d'une société. »

Cl. Lévi-Strauss, *Id.*

444 « Trop de culture épuise un champ fertile. »

Cardinal de Bernis, *Poésies diverses*,
in *Œuvres*, éd. posthume, 1825.

445 « Le droit à la culture, c'est purement et simplement la volonté d'y accéder. »

A. Malraux,
Postface des *Conquérants*, 1928.

2. La culture à l'école, l'éducation

446 « L'école n'est pas la seule à instruire les jeunes. Le milieu et l'époque ont sur eux autant et plus d'influence que les éducateurs. »

P. Valéry, *Variété*, 1924-1944.

447 « On nous veut avec les stigmates des grandes écoles, je le veux avec les stigmates de la vie. Savoir s'il est agrégé en soleil, s'il a ses grades en désespoir. »

J. Giono, *Virgile*, 1947.

448 « Tout homme qui a été professeur garde en lui quelque chose de l'écolier. »

A. de Vigny, *Mémoires inédits*, 1853.

Le professeur reste près de ses élèves : il doit pour les comprendre leur ressembler un peu.

449 « Une école où les écoliers feraient la loi serait une triste école. »

E. Renan,
L'Avenir de la science, 1890.

450 L'école « ne peut plus consister à adapter l'enfant à l'ordre établi des techniques et des hiérarchies mais à le préparer à inventer un avenir inédit. »

R. Garaudy,
Appel aux vivants, 1979.

L'école a pour rôle d'apprendre aux élèves à inventer, à créer de nouvelles structures et non pas à s'adapter à celles qui existent : celles qui existent seront bientôt bel et bien dépassées.

451 « Lui choisir un conducteur [= précepteur] qui eût plutôt la tête bien faite que bien pleine. »

Montaigne, *Essais*, I, 26, 1580.

Ce qui est important, ce n'est pas d'accumuler des connaissances mais d'apprendre à penser. Le maître doit être plus intelligent que cultivé.

452 « Abrutir est un art. Les prêtres des divers cultes appellent cet art liberté d'enseignement. Ils n'y mettent aucune mauvaise intention, ayant eux-mêmes été soumis à la mutilation d'intelligence qu'ils voudraient pratiquer après l'avoir subie. »

V. Hugo,
Paris et Rome, 1876.

L'école abrutit les élèves, mutile leur intelligence. Nous avons affaire à un véritable cercle vicieux car les élèves ainsi traités, devenus professeurs, traitent à leur tour de la même façon les nouveaux élèves.

453 « Nous sommes tous prisonniers du système scolaire si bien qu'une croyance superstitieuse nous aveugle, nous persuade que le savoir n'a de valeur que s'il nous est imposé, puis nous l'imposerons à d'autres. »

Y. Illich,
Une société sans école, 1971.

454 « On dit que les nouvelles générations seront difficiles à gouverner. Je l'espère bien. »

Alain,
Propos sur l'éducation, 1932.

455 « L'omniscience des parents suivie bientôt à tous les niveaux de l'instruction par l'omniscience des maîtres, installe un dogmatisme qui est la négation de la culture. »

G. Bachelard,
Le Rationalisme appliqué, 1949.

La véritable culture est l'apprentissage du doute. Trop de certitude fige les esprits qui ne cherchent plus à comprendre.

456 « La vérité première qu'ici je voudrais rappeler est qu'on n'enseigne bien que ce que l'on sait. »

J. de Romilly,
L'Enseignement en détresse, 1984.

457 « Je ne vois aucun moyen d'aider les jeunes à trouver leurs valeurs ni leur voie : c'est à eux de le faire. »

J. de Romilly, *Id.*

Ce n'est pas l'école qui peut aider les jeunes à trouver leur voie. Elle peut simplement leur ouvrir l'esprit, leur apporter des éléments de choix.

458 « Savoir par cœur n'est pas savoir : c'est tenir ce qu'on a donné en garde à sa mémoire. »

Montaigne,
Essais, I, 26, 1580.

Intelligence et mémoire sont deux choses différentes. Quelqu'un peut parfaitement réussir scolairement car il « sait par cœur » ce qu'on lui enseigne sans l'avoir pour autant bien compris.

459 « On débouche sur un enseignement tourné vers le pratique mais voué à l'inutilité, et tourné vers le modernisme, mais, déjà, périmé. »

J. de Romilly,
L'Enseignement en détresse, 1984.

On désire actuellement former les jeunes aux métiers « d'avenir » dans lesquels ils trouveront plus facilement des débouchés ; l'enseignement se spécialise de plus en plus : cet enseignement-là est inutile car il n'apprend rien qui puisse transformer la vie ou la façon de la considérer ; il est déjà périmé car rien ne passe plus vite que la modernité.

460 « Peu importe que les jeunes, au sortir de l'université, soient un peu hors du temps [...]. La télévision, la radio, le cinéma rétabliront bien assez vite l'équilibre. »

J. de Romilly, *Id.*

461 « Le môme à qui l'on dit : cherche ! Allez, cherche ! sans jamais lui annoncer quoi, il en perd l'allant, l'enthousiasme. »

Cl. Duneton,
Je suis comme une truie qui doute, 1976.

Le maître doit avoir une idée précise de la vérité recherchée, unique, et qu'il faudra retenir. Sans cela, l'élève doute aussi et ne désire plus chercher.

462 « Pour enseigner, il faut avoir la foi [...]. Il faut croire à ce qu'on enseigne, croire à l'avenir, à la culture, au progrès, à la justice. »

Cl. Duneton, *Id.*

Il est très difficile d'enseigner en doutant. Le professeur, pour faire bien son métier, doit se sentir omniscient, et être optimiste. Il doit avoir des valeurs à défendre et à transmettre. S'il juge que tout est absurde, quelle idée du monde donnera-t-il à ses élèves ?

463 « Oserais-je exposer la plus grande, la plus importante, la plus utile règle de toute éducation ? Ce n'est pas de gagner du temps, c'est d'en perdre. »

J.-J. Rousseau,
Émile ou De l'Éducation, 1762.

Il ne s'agit pas, en matière d'éducation, de vouloir aller trop vite pour gagner du temps : les acquis précoces sont peut-être autant de futurs retards. En revanche, qui sait prendre son temps offre un bon départ dans la vie à son enfant.

464 « Enseigner le doute est une bien cruelle entreprise. Apprendre à chercher la vérité, c'est très joli mais si on ne la trouve pas, ou alors chacun la sienne, parcimonieusement, c'est moins exaltant. »

Cl. Duneton,
Je suis comme une truie qui doute, 1976.

L'élève qui désire apprendre et chercher la vérité sera déçu s'il ne la trouve pas ou si son maître qui doute de tout, lui explique par exemple qu'elle n'existe pas.

465 « Dans le monde entier, l'école nuit à l'éducation parce qu'on la considère comme seule capable de s'en charger. »

Y. Illich,
Une société sans école, 1971.

466 « Je n'ai jamais rien étudié, mais tout vécu et cela m'a appris quelque chose. »

A. Artaud,
in *Revue 84*, n° 16.

467 « 'École' vient d'un mot grec signifiant 'loisir'. L'étude doit être la pause féconde et enrichissante où l'on s'arme pour la vie et pour la réflexion. »

J. de Romilly,
L'Enseignement en détresse, 1984.

| L'école est un moment de repos, de préparation à l'action.

468 « Je sais bien que la société a besoin de bons scientifiques, d'informaticiens, d'ingénieurs, de savants. Mais je ne suis nullement certaine que ces scientifiques par contrainte deviennent de bons scientifiques. »

J. de Romilly, *Id.*

469 « À une dame qui lui disait un jour : 'Votre peinture pour moi, c'est du chinois'. Picasso a répondu : 'Mais le chinois, madame, cela s'apprend'. »

F. Giroud, Préface aux *Cent mesures pour les femmes*, 1979.

470 « Si l'on demandait : 'la culture, pourquoi faire ?', il faudrait répondre : 'la culture pour comprendre parce que ce que l'on comprend vous appartient'. »

F. Giroud, *Id.*

471 « L'enseignement obligatoire semble miner la volonté personnelle. »

Y. Illich,
Une société sans école, 1971.

472 « BACCALAURÉAT. Tonner contre. »

Flaubert,
Dictionnaire des idées reçues, 1830-1880.

| Il est de bon ton de tonner contre le baccalauréat, de le critiquer. On parle même régulièrement, sans succès, de le supprimer. Cette colère visant le baccalauréat n'est rien d'autre qu'une idée reçue qui n'a que peu de fondements et qui est, selon Flaubert, plutôt ridicule.

473 « L'école s'approprie l'argent, les hommes et les bonnes volontés disponibles dans le domaine de l'éducation, et, jalouse de son monopole, s'efforce d'interdire aux autres institutions d'assumer les tâches éducatives. »

Y. Illich,
Une société sans école, 1971.

L'école est la seule institution qui se mêle d'éducation. Elle a pour but de donner à chaque élève les mêmes chances devant l'instruction et la culture. Mais elle ne conduit pas les enfants à l'égalité recherchée : elle ne fait que favoriser celui qui part en avance sur les autres ou qui est en meilleure santé.

474 « Est-ce qu'on songe assez que c'est à une véritable peine de travaux forcés que la société condamne ses propres enfants, quasi dès leur venue au monde, en leur imposant comme elle fait, l'instruction obligatoire ? »

Ch.-F. Ramuz, *Questions*,
in *Œuvres*, éd. posthume, 1942.

475 « L'éducation de l'homme commence à sa naissance ; avant de parler, avant que d'entendre, il s'instruit déjà. »

J.-J. Rousseau,
Émile ou De l'Éducation, 1762.

V. Médias

1. La presse

476 « La première fonction est l'information, c'est-à-dire non seulement la transmission, l'explication et le commentaire des nouvelles mais aussi l'expression des jugements, des idées et des opinions. »

P. Albert,
La Presse, Que sais-je ?, 1968.

Le journaliste ne doit pas se contenter d'informer. Il doit juger l'information qu'il donne. Il ne doit pas rester objectif.

477 « Le journaliste ne peut être objectif. »

P. Albert, *Id.*

Quoi qu'il en soit, le journaliste qui tente d'être objectif échoue : la sélection des nouvelles, l'interprétation des faits, la mise en valeur de tel ou tel article sont autant de choix qui trahissent ses opinions.

478 « La nature même du journalisme [...] pour beaucoup reste encore descriptif du superficiel, du pittoresque, de l'accidentel. »

P. Albert, *Id.*

Le goût du public pour les faits divers pousse les journalistes à écrire davantage d'articles superficiels que d'articles de fond. Pour cette raison, le journalisme n'est pas un métier que l'on prend au sérieux.

479 « Tout faiseur de journaux doit tribut au malin. »

La Fontaine,
Lettre à M. Simon de Troyes, 1686.

Le journaliste est certainement inspiré par le malin car il aime par-dessus tout calomnier les gens, rechercher ce qui fera scandale, etc.

480 « Un journal vise non à instruire mais à intéresser, et la vieille formule américaine 'Un chien mord un homme, ce n'est pas une nouvelle, un homme mord un chien, c'est une nouvelle' est très révélatrice de sa nature. »

P. Albert,
La Presse, Que sais-je ?, 1968.

Le journal s'intéresse aux nouvelles extraordinaires qui frappent l'imagination, qui étonnent le public et lui donnent le désir d'en savoir plus.

481 « Une calomnie dans les journaux, c'est de l'herbe dans un pré. Cela pousse tout seul. »

V. Hugo, *Tas de pierres*,
in *Œuvres complètes*, 1880-88.

Le journal cherche tant à séduire son public qu'il fait souvent éclater des scandales pour lui plaire à tout prix : des personnalités en vue sont calomniées, etc.

482 « En fait de calomnie, tout ce qui ne nuit pas sert à celui qui est attaqué. »

Cardinal de Retz, *Mémoires*, 1717.

483 « Le journal, au lieu d'être un sacerdoce, est devenu un moyen pour les partis ; de moyen, il s'est fait commerce, et comme tous les commerces il est sans foi ni loi. »

Balzac, *Illusions perdues*, 1848.

484 « Des articles lus aujourd'hui, oubliés demain, ça ne vaut à mes yeux que ce qu'on les paye. »

Balzac, *Id.*

485 « La presse est un élément jadis ignoré, une force autrefois inconnue, introduite maintenant dans le monde ; c'est la parole à l'état de foudre ; c'est l'électricité sociale. »

Chateaubriand,
Mémoires d'outre-tombe, 1841.

Le journaliste possède la parole, et cette parole est « à l'état de foudre » : elle est violente, imprévisible, meurtrière quelquefois.

486 « La presse a succédé au catéchisme dans le gouvernement du monde. Après le pape, le papier. »

V. Hugo, *Tas de pierres,*
in *Œuvres complètes*, 1880-88.

> Ce sont les journalistes et les journaux qui font la loi, qui dictent ce qu'il faut penser. Leur pouvoir est réel : ils possèdent une arme terrible, la parole, qui leur permet d'attaquer ceux qui ne se soumettent pas à eux.

487 « En général les directeurs de journaux ont un tel mépris du public que plus un garçon est idiot, plus il a de chances de réussir dans la presse. Condition exigée : ne rien savoir. »

B. Vian, *Jazz Hot*,
in « *En verve* », 1974.

488 « La presse est, par excellence, l'instrument démocratique de la liberté. »

A. de Tocqueville, *De la démocratie en Amérique*, 1835-40.

489 « La presse écrite est finalement beaucoup plus l'écho des idées et des goûts de ses lecteurs que des opinions et des choix de ses rédacteurs. »

P. Albert,
La Presse, Que sais-je ?, 1968.

> Les journalistes veulent à tout prix et avant tout intéresser le lecteur : ils proposent donc dans les journaux des articles qui flattent son goût.

490 La presse : « Elle soutient plus aisément les modes que les idées. »

P. Albert, *Id.*

> Les journalistes traitent plus aisément de thèmes futiles qui sont au goût du jour plutôt que des réels problèmes de société au sujet desquels ils pourraient avancer des idées.

491 « La presse française fait preuve d'une partialité révoltante et ne traite jamais que des mêmes sujets : les hommes politiques et les autres criminels. »

B. Vian,
Jazz Hot, in « *En verve* », 1970.

492 « La presse reste une puissance mais son action est désormais trop diffuse pour qu'elle soit encore un pouvoir. »

P. Albert,
La Presse, Que sais-je ?, 1968.

Au XIXe siècle, la presse et les journalistes détenaient un pouvoir immense : ils pouvaient faire et défaire une réputation, ils dictaient et dirigeaient les opinions. De nos jours, la presse n'a plus le même pouvoir.

493 « Informer n'est ni un art, ni un apostolat, ni une science exacte. C'est un métier qui touche plutôt à l'artisanat dans de nombreux cas. »

B. Frappat,
Le Monde, février 1993.

494 « Pour moi, la préoccupation la plus haute de mon temps, c'est de dénoncer les menteurs et les escrocs, les escrocs du mot, les escrocs du verbe, les gens qui font de la démagogie verbale. »

B. Vian, *Inédit,*
in « *En verve* », 1970.

Les journalistes sont des menteurs et des escrocs. Ils ont le pouvoir, le pouvoir de parler et ils s'en servent pour mentir.

495 « Informer, c'est choisir de faire savoir. »

B. Frappat,
Le Monde, février 1993.

496 « Pour le journaliste, tout ce qui est probable est vrai. »

Balzac,
Monographie de la presse parisienne, 1844.

497 « Si la presse n'existait pas, il faudrait ne pas l'inventer. »

Balzac, *Id.*

498 « Une chose que l'on ne connaît que par les journaux et les livres, on peut jurer qu'on ne la connaît pas. »

P. Valéry,
Mélanges, 1939.

499 « Les articles de fond ne remontent pas à la surface. »

B. Vian,
Jazz Hot, in « *En verve* », 1970.

500 « J'appelle journalisme tout ce qui sera moins intéressant demain qu'aujourd'hui. »

A. Gide,
Journal, 1889-1939.

501 « Pourvu que je ne parle en mes écrits ni de l'autorité ni du culte ni de politique, ni de la morale ni des gens en place ni des corps en crédit ni de l'opéra [...], je puis tout imprimer librement, sous l'inspection de deux ou trois censeurs. »

Beaumarchais,
Le Mariage de Figaro, 1784.

Beaumarchais analyse avec ironie la situation de la presse au XVIIIe siècle : il n'y a aucune liberté et la censure est toute puissante.

502 « La lecture du journal est une activité individuelle et elle absorbe toute l'attention ; elle est sélective et se fait dans un ordre et à un rythme propres à chaque lecteur. »

P. Albert,
La Presse, Que sais-je ?, 1968.

La supériorité de la presse sur les autres moyens d'information vient de ce qu'elle requiert la volonté et l'attention du lecteur. On peut en outre revenir à loisir sur les informations données, on peut y employer le temps qui nous est nécessaire.

503 « Lire un journal est affaire d'amnésie et de mensonge. »

P. Dubois, in *Cahiers du Cinéma*,
Spécial Godard, novembre 1990.

Les journaux sont menteurs : ils exagèrent les faits pour séduire ou attirer les lecteurs, pour ébranler plus rapidement et plus efficacement l'opinion publique. Lire un journal est affaire d'amnésie : cela nous fait oublier les faits réels et dramatiques car nous sommes dépassés, débordés, presque blasés par les informations en nombre.

504 « Un bon journaliste devrait être capable de décrire la fabrication d'un crayon de façon passionnante sans raconter une blague. Mais s'il avait ce talent, pourquoi serait-il journaliste ? »

B. Vian, *Jazz Hot*,
in « *En verve* », 1970.

505 « Comme le conte, le carnaval, le jeu enfantin, le commentaire du fait divers permet de parler, sans en parler, de la mort, de la violence, du sexe, des lois et de leur transgression. »

M. Maffesoli, in *Autrement*, 1988.

Pourquoi les gens sont-ils attirés par le fait divers ? Une certaine presse fait ses gros titres des malheurs des particuliers, on voit même des émissions télévisées reconstituer des faits divers tragiques : voilà une façon d'aborder des sujets tabous (la mort, les accidents, le sexe..) sans s'avouer qu'on les aborde.

506 « Toute violence individuelle est désormais publique grâce à l'extraordinaire prolifération des moyens d'information. »

J. Savigneau,
Le Monde, Dossiers et Documents, 1979.

507 « Tel est l'effet fondamental de l'enquête d'opinion : constituer l'idée qu'il existe une opinion publique unanime, donc légitimer une politique. »

P. Bourdieu,
Questions de sociologie, 1980.

Les sondages d'opinion servent à prouver à l'opinion publique qu'elle est majoritairement d'accord avec la politique adoptée.

508 « L'homme politique ne dit plus ce qu'il pense, il dit ce que les media imposent. »

P. Virilio,
Globe Hebdo, février 1993.

Les media ont un tel pouvoir qu'ils imposent même aux hommes politiques ce qu'ils ont à dire.

509 « Être informé de tout et condamné ainsi à ne rien comprendre. »

G. Bernanos,
La France contre les robots, 1944.

La sur-information nous condamne à ne rien comprendre des problèmes qui agitent le monde : nous ne pouvons pas nous pencher avec sérieux sur chacune des questions que soulèvent la presse et les media. Ainsi nous n'en approfondissons aucune, nous n'en comprenons aucune vraiment.

510 « Plus dominera la confrontation confuse des citoyens avec l'immédiateté du monde, aperçu en gros plan, plus seront nécessaires les analyses, les éclairages, les compléments historiques et les débats approfondis. »

B. Frappat,
Le Monde, 12 février 1993.

Nous assistons presque en direct aux événements mondiaux : les images nous assaillent. Pour compenser cette multiplicité, cette superficialité des images, nous avons d'autant plus besoin d'analyses en profondeur, faites par des spécialistes, sur ces mêmes événements.

511 « Dans la transmission d'informations, il y a toujours intervention d'une subjectivité qui [...] doit choisir entre ce qui vaut d'être dit et ce qui ne le vaut pas. »

B. Frappat,
Le Monde, février 1993.

Le journalisme n'est pas un métier objectif. À partir du moment où il y a choix de certaines informations au détriment d'autres, il y a intervention d'une subjectivité : le journaliste décide de ce qui mérite de retenir l'attention des lecteurs selon ses propres critères.

512 « Le colporteur d'événements a toujours suscité une fascination ambivalente ; son message est à la fois espéré et accueilli dans la méfiance. »

B. Frappat, *Id.*

Le journaliste, avec les nouvelles qu'il apporte, est à la fois attendu avec impatience et craint : on trouve suspectes ses nouvelles, on ne le croit pas toujours.

513 « Un nouveau journal paraît : Le Monde. Sa première ambition est d'assurer au lecteur des informations claires, vraies, et dans toute la mesure du possible, rapides, complètes. »

H. Beuve-Méry, Premier éditorial
du *Monde*, 16 décembre 1944.

Voilà, exprimées par son fondateur, les ambitions d'un journal naissant, *Le Monde*. La vérité, la clarté, la rapidité des nouvelles sont les trois critères essentiels qu'ont choisis ses rédacteurs.

514 « Dans une société d'information, tout le monde devient source d'information et apprend les règles du jeu de la communication. »

B. Frappat,
Le Monde, 12 février 1993.

515 « L'écrit est une arme de guerre contre les media. À condition que cet écrit soit sérieux, pas seulement un pamphlet, une juxtaposition de slogans, d'opinions toutes faites. »

P. Virilio,
Globe Hebdo, février 1993.

Les journalistes doivent réagir s'ils ne veulent pas être tués par les media et par les images. Ils doivent se battre avec leurs propres armes qui sont les mots, l'écrit et la réflexion.

516 « Le journal a tué le salon. »

E. et J. de Goncourt,
Journal, janvier 1866.

La presse tue les relations humaines. Avant l'invention du journal, les gens se réunissaient en salons et commentaient les événements de l'actualité.

2. La télévision et la radio

517 Grâce à la télévision, « la culture est révélée à tous, alors qu'elle était autrefois réservée à une élite. »

J. Cazeneuve,
Sociologie de la radiotélévision, 1982.

La télévision est accessible à presque tout le monde : les émissions culturelles qu'elle diffuse le sont aussi.

518 « La télévision uniformise les loisirs, standardise la pensée, transforme l'individu en récepteur passif et tue l'échange. »

Cl. Zylberger,
Le Monde, octobre 1979.

Regarder la télévision est un loisir accessible, mis à la portée de tout le monde, un loisir qui pour cette raison fait de très nombreux adeptes. Mais la télévision ne pousse pas l'individu à développer des idées personnelles sur les informations qu'elle lui assène et tout le monde finit par penser de la même manière. Enfin, elle n'incite pas au dialogue : elle prend la parole et se passe d'interlocuteurs, tue la communication, même à l'intérieur d'une famille.

519 « Depuis que la télévision existe, nous sommes dans des sociétés qui vivent à côté de leurs poubelles, qui les regardent : regarder la télévision, c'est faire les poubelles, en trouvant d'ailleurs parfois des trésors. »

S. Daney, *Propos à la galerie du Jeu de Paume*, 5 mai 1992,
rapportés dans les *Cahiers du Cinéma*, juillet/août 1992.

520 « Vous vous rendez compte que la télévision n'a jamais rien inventé, qu'elle est un outil d'anti-production et d'anti-désir [...] et qu'elle marche très bien comme ça. »

S. Daney, *Id.*

La télévision n'est pas faite pour produire des œuvres d'art ni pour attiser le désir de ses spectateurs. Elle sert plutôt à l'éteindre.

521 La télévision : « Elle est certainement ce qu'il y a de plus proche de l'inconscient de la société et l'inconscient ne se juge pas. »

S. Daney, *Id.*

Même si nous pensons que la télévision ne produit pas de formes de cinéma intéressantes, nous n'avons pas à la juger car, telle qu'elle est, elle reflète l'inconscient de notre société, elle révèle ce que nous ne nous avouons même pas, ce que nous sommes en profondeur sans le savoir.

522 « La télévision a gagné le combat des images, les media ne communiquent plus rien, l'information ne passe plus, le sens est perdu. »

P. Dubois, in *Cahiers du Cinéma*,
Spécial Godard, novembre 1990.

La télévision gagne le combat des images contre le cinéma, contre la photographie, contre la peinture. C'est à la télévision que le public voit le plus d'images : cette abondance a pour résultat la perte du sens de ces images mêmes, qui ne veulent plus rien dire, ne communiquent plus aucune information.

523 « La fugacité des messages audiovisuels, traditionnellement opposée à la durabilité de l'imprimé, tend à s'atténuer avec les progrès des enregistrements sur disques ou sur cassettes. »

P. Albert,
La Presse, Que sais-je ?, 1968.

La télévision, depuis qu'existe le système des cassettes vidéo, devient l'égale de la presse écrite : on peut revenir sur tel ou tel programme, tout comme on revient sur tel ou tel article.

524 « Le reality-show, le docu-drama, c'est une manière de vivifier une télévision quasi moribonde. »

P. Virilio,
Globe Hebdo, février 1993.

Le reality-show essaye de mêler la réalité à la fiction. Le spectateur assiste à des enquêtes menées en direct ou à la reconstitution de faits quotidiens dramatiques.

525 « La radio a enlevé à la presse le privilège d'annoncer les nouvelles. »

P. Albert,
La Presse, Que sais-je ?, 1968.

526 Les media audiovisuels : « À la différence de la presse, ils sollicitent plus l'affectivité que la réflexion. »

P. Albert, *Id.*

La presse écrite sollicite la réflexion : les journalistes y posent des questions, proposent des réponses qui poussent le lecteur à s'interroger. La télévision en revanche montre des images qui peuvent émouvoir, choquer, qui frappent les sensibilités mais ne cherchent pas forcément à faire réfléchir.

527 « Il ne faut pas craindre de dire que la télévision, après avoir ouvert à tous des fenêtres sur le monde, ne remplira désormais pleinement son rôle que si elle enseigne maintenant à les fermer de temps en temps. »

F. Giroud, Préface aux *Cent mesures pour les femmes*, 1979.

528 « Il y a cent ans, trente mille personnes allaient au spectacle. Aujourd'hui, trente millions de Français sont des spectateurs assidus de la télévision. »

F. Giroud, *Id.*

529 La télévision : « C'est une multiplication vertigineuse des possibilités offertes à toutes les catégories de la population d'avoir accès aux œuvres de l'esprit. »

F. Giroud, *Id.*

La télévision offre à tous la possibilité de se cultiver, d'avoir accès à des films, pièces de théâtre, émissions culturelles. Mais il faut apprendre de temps en temps à l'éteindre pour, quittant le rôle d'éternel spectateur, devenir soi-même, même modestement, créateur.

530 « Nos yeux, fatigués des agitations colorées de la télévision, découvrent avec bonheur l'émotion d'une épure en noir et blanc. »

C. Caujolle,
Globe Hebdo, février 1993.

Une photographie simple en noir et blanc est toujours plus frappante pour nos yeux que les images en couleurs auxquelles la télévision et la presse nous ont habitués.

3. L'image

531 « Regarder une image est devenu une opération mécanique et vide, un geste d'aveugle. »

P. Dubois, *Cahiers du Cinéma*,
Spécial Godard, novembre 1990.

Nous sommes à tel point envahis par les images que nous ne les regardons plus vraiment. Nous les subissons.

532 « Il me semble que le peintre a le seul don qui soit peut-être donné à l'homme. Il arrive à donner une idée du monde [...] qui soit parfaite, à laquelle on ne peut rien ajouter, de laquelle on ne peut rien retrancher. »

J.-M. G. Le Clézio, Entretien
avec J.-L. Godard, *L'Express*, 1966.

L'art du peintre est le seul art qui parvienne à être une expression parfaite du monde. L'écrivain, lui, ne parvient jamais à exprimer le monde qu'il possède en lui. La parole est toujours insatisfaisante, elle demeure toujours en-deçà de ce que l'écrivain veut dire. Les formes et les couleurs vont plus loin que les mots : ils ont la possibilité de construire un monde clos et se suffisant à lui-même, parfait, achevé.

533 « Retrouver une force de voir, refaire de l'acte du regard un événement [...], voir si l'on peut encore produire du sens avec les images. »

P. Dubois, *Cahiers du Cinéma*,
Spécial Godard, novembre 1990.

Il faut redonner du sens aux images qui en ont perdu à force d'être multipliées, massivement diffusées.

534 « Ce n'est pas une image juste, c'est juste une image. »

J.-L. Godard,
film *Vent d'Est*.

Une image n'est en elle-même ni juste ni fausse : elle n'a pas de valeur propre, elle n'a que la valeur qu'on lui donne.

535 L'image : « Elle n'a pas d'autre fonction que d'intimider le regardeur et donc de lui intimer un ordre. »

P. Virilio,
Globe Hebdo, février 1993.

L'image a un pouvoir réel sur ceux qui la regardent.

536 « Par nature, la photographie [...] a quelque chose de tautologique : une pipe y est toujours une pipe. »

R. Barthes,
La Chambre claire, 1980.

La photographie, contrairement à la peinture, ne transforme pas les objets qu'elle représente. Elle les livre tels qu'ils sont dans la réalité.

537 « Je voudrais que mon image, mobile, cahotée entre mille photos changeantes, au gré des situations, des âges, coïncide toujours avec mon 'moi' (profond, comme chacun sait). »

R. Barthes, *Id.*

Les photos d'un être humain sont toutes différentes entre elles. Sur chacune cependant, quelque chose demeure de ce qu'est l'homme en profondeur, qu'il ait cinq ou cinquante ans, qu'il soit dans telle ou telle situation.

538 « Ce que la photographie reproduit à l'infini n'a eu lieu qu'une fois. Elle répète mécaniquement ce qui ne pourra jamais se répéter existentiellement. »

R. Barthes, *Id.*

La photographie représente un moment unique de l'existence que l'on peut à partir d'elle reproduire à l'infini.

539 « Un portrait peint, si ressemblant soit-il, [...] n'est pas une photographie. »

R. Barthes, *Id.*

Un portrait peint représente certes l'image d'une personne, mais cette personne est vue par les yeux et la sensibilité d'un peintre ; le portrait n'est donc pas une représentation objective.

540 « Si fort que soit un poème, il ne vaudra jamais autant que la petite trace qu'a dessinée un peintre avec un bout de craie. »

J.-M. G. Le Clézio, Entretien
avec J.-L. Godard, *L'Express*, 1966.

541 « Les autres – l'Autre – me désapproprient de moi-même, ils font de moi, avec férocité, un objet, ils me tiennent à merci, à disposition, rangé dans un fichier, préparé pour tous les truquages subtils. »

R. Barthes,
La Chambre claire, 1980.

Posséder la photographie de quelqu'un, son image, est en quelque sorte le posséder lui-même.

4. La publicité

542 « C'est la jeunesse dès son âge le plus tendre qui est devenue la cible favorite des publicitaires : séduire le fils pour gagner la mère. »

F. de Closets,
Le Bonheur en plus, 1974.

543 « Le métier de la pub est d'ouvrir des petites fenêtres dans nos cervelles afin que ceux qui se sentent oiseaux s'envolent. »

J. Séguéla,
Fils de pub, 1983.

544 « Notre métier n'est pas d'être marchand de rêve, mais fomentateur d'imaginaire. »

J. Séguéla, *Id.*

La publicité ne cherche pas seulement à vendre des produits mais à faire rêver les consommateurs.

545 « Tant que la publicité est l'instrument du libre choix, elle protège notre démocratie. Le jour où elle deviendra monolithique, elle perdra son pluralisme pour se faire propagande. Et aussitôt la démocratie se fera fasciste. »

J. Séguéla, *Id.*

La publicité garantit la démocratie et la liberté car elle vante les mérites de divers produits et laisse le choix aux consommateurs. La publicité n'est pas la propagande. La propagande vante les mérites d'un produit unique ou, en politique, d'un parti unique.

546 « L'autonomie d'une nation se mesure à la multiplicité et à l'indépendance de ses media. »

J. Séguéla, *Id.*

547 La publicité : « Elle n'est plus simple parole marchande, mais parole politique, parole sociale, parole morale. »

J. Séguéla, *Id.*

548 « L'unique garantie des citoyens contre l'arbitraire, c'est la publicité. »

B. Constant, *Observation sur le discours prononcé par le ministre de l'Intérieur*, 1814.

La publicité sauve les citoyens de l'arbitraire puisque son but est de présenter un grand choix de produits aux citoyens. Ils peuvent donc se décider pour tel ou tel autre produit en toute connaissance de cause, selon leurs goûts et les raisons qui leur sont propres.

VI. Loisirs

1. Le loisir

549 « Qui dit loisir dit essentiellement choix, liberté. Le loisir correspond à des dispositions, à des goûts individuels. »

G. Friedman, *Sept études sur l'homme et la technique*, 1966.

550 « Respecter la personne humaine, c'est aussi respecter son loisir et même [...] son droit à la paresse. »

G. Friedman, *Id.*

Chacun a le droit de mettre son temps en jachère, de ne rien faire pendant ses moments de loisir.

551 « La démocratie ne doit-elle pas [...] étendre le secteur public des loisirs éducatifs [...] en multipliant les institutions de loisir, bibliothèques, musées, concerts, représentations théâtrales, cinéma d'art ? »

G. Friedman, *Où va le travail humain ?*, 1950.

L'État doit organiser les choses pour que chacun puisse avoir accès à une activité éducative qu'il peut pratiquer pendant ses moments de loisir.

552 « L'oisiveté me suffit et pourvu que je ne fasse rien, j'aime encore mieux rester éveillé qu'en songe. »

J.-J. Rousseau, *Les Confessions*, 1782-1789.

553 « Je n'ai jamais employé que fort peu d'heures par jour aux pensées qui occupent l'imagination et fort peu d'heures par an à celles qui occupent l'entendement seul, et [...] j'ai donné tout le reste de mon temps au relâche des sens et au repos de l'esprit. »

Descartes,
Correspondance, « À Elisabeth », 1643.

Imagination et esprit au repos : voilà le secret pour acquérir calmement et avec plaisir quelques connaissances.

554 « Il faut travailler, sinon par goût, au moins par désespoir, puisque tout bien vérifié, travailler est moins ennuyeux que s'amuser. »

Baudelaire,
Mon Cœur mis à nu, 1887.

555 « Le pénible fardeau de n'avoir rien à faire. »

Boileau,
Épîtres, 1701.

556 « Je me tiendrais toujours plus obligé à ceux par la faveur desquels je jouirais sans empêchement de mon loisir que je ne ferais à ceux qui m'offriraient les plus honorables emplois de la terre. »

Descartes,
Discours de la méthode, 1637.

557 « Il n'est pas absurde de tenter le diagnostic d'une civilisation à partir des jeux qui y prospèrent particulièrement. »

R. Caillois,
Les Jeux et les Hommes, 1958.

Les jeux sont les témoins d'une société : on peut l'étudier en considérant les jeux qui y sont le plus en vigueur.

558 « J'ai dit souvent que tout le malheur des hommes vient d'une seule chose, qui est de ne pas savoir demeurer en repos dans une chambre. »

Pascal,
Pensées, 1670.

559 « Tout notre mal vient de ne pouvoir être seuls : de là le jeu, le luxe, la dissipation, le vin, les femmes, [...] l'oubli de soi-même et de Dieu. »

La Bruyère,
Les Caractères, 1688.

560 « L'on verra qu'un roi sans divertissement est un homme plein de misères. »

Pascal,
Pensées, 1670.

561 « Il ferait volontiers de la terre un débris
Et dans un baillement avalerait le monde ;
C'est l'ennui ! »

Baudelaire, « Au lecteur »,
Les Fleurs du mal, 1857.

562 « Rien d'excellent ne se fait qu'à loisir. »

A. Gide,
Journal, 1889-1939.

2. Le voyage

563 « Étrange voyageur sans bagage, je n'ai jamais quitté Paris. »

P. Souppault, *Wetwego*, 1922.

564 « Lorsqu'on emploie trop de temps à voyager, on devient enfin étranger en son pays. »

Descartes,
Discours de la méthode, 1637.

565 « Ce que d'abord vous nous montrez, voyages, c'est notre ordure lancée au visage de l'humanité. »

Cl. Lévi-Strauss, *Tristes Tropiques*, 1955.

Le voyageur n'est souvent qu'un touriste irrespectueux des populations pauvres visitées.

566 « Je réponds ordinairement à ceux qui me demandent raison de mes voyages : que je sais bien ce que je fuis mais non pas ce que je cherche. »

Montaigne, *Essais*, 1580.

Le voyageur qui va toujours plus loin fuit sa situation actuelle et cherche quelque chose d'indéfinissable : il cherche ce qui est impossible à atteindre, inaccessible.

567 « L'homme n'a pas besoin de voyager pour s'agrandir, il porte avec lui l'humanité. »

Chateaubriand,
Mémoires d'outre-tombe, 1841.

568 La photographie de voyage : « La photo est un morceau de temps figé, en opposition avec le temps du voyage qui s'écoule, irrémédiablement. »

R. Abrecht, « La mémoire pétrifiée »,
in *Autrement*, janvier 1990.

Le voyageur photographie les paysages visités pour figer ces moments de vie qui, comme tous les moments, s'écoulent sans retour.

569 « Le voyage n'est nécessaire qu'aux imaginations courtes. »

Colette,
Belles Saisons, 1945.

570 « La photo a usé le monde, et par là-même le voyage. »

R. Abrecht, « La mémoire pétrifiée »,
in *Autrement*, janvier 1990.

L'ailleurs « jamais vu » devient un « trop vu ». Tout le monde connaît les photos des pays lointains ou exotiques qui pouvaient faire rêver autrefois et qui aujourd'hui n'étonnent même plus.

571 « Le voyageur est encore ce qui importe le plus dans le voyage. »

A. Suarès,
Voyage du condottiere, 1932.

Le même voyage apportera des choses tout à fait différentes à des personnes différentes.

572 « Le sédentaire que je suis doit aux écrivains voyageurs une profonde gratitude : ils me dispensent d'aller en Orient par le chemin des oiseaux. »

F. Mauriac, *Journal*, 1934.

On peut voyager sans sortir de chez soi, en se plongeant dans la lecture des écrivains qui ont voyagé.

573 « Si j'imagine, je vois. Que fais-je de plus en voyageant ? Seule une extrême faiblesse de l'imagination peut justifier que l'on ait à se déplacer pour sentir. »

F. Pessoa,
Le Livre de l'intranquillité, 1934.

574 « En même temps qu'ils aspirent à la solitude, les couples ont peur de l'ennui. Le voyage les isole à la fois et les divertit. »

F. Mauriac, *Journal*, 1934.

Lorsqu'on s'aime, on n'a pas le droit de regarder trop longtemps un autre visage que le visage aimé. On se doit de rester ensemble, et seuls. Mais lorsqu'on voyage, il est permis de regarder un peu par la portière, ce qui rend plus supportable le face à face imposé.

575 « Partir pour partir m'est incompréhensible. Mais combien peu partent pour partir ! Un voyage est toujours un prétexte. »

F. Mauriac, *Id.*

Il y a toujours quelque chose à fuir ou quelque chose à chercher dans un voyage. Il est rare qu'un voyage n'ait pas un but, avoué ou non.

576 « Mais les vrais voyageurs sont ceux-là même qui partent
Pour partir [...]. »

Baudelaire, « Le Voyage »,
Les Fleurs du mal, 1857.

577 « L'idée de voyager me donne la nausée.
J'ai déjà vu tout ce que je n'avais jamais vu
J'ai déjà vu tout ce que je n'ai pas vu encore. »

F. Pessoa,
Le Livre de l'intranquillité, 1934.

578 « Un beau voyage est une œuvre d'art. »

A. Suarès,
Voyage du condottiere, 1932.

579 « L'art de l'errance, jadis apanage des riches héritiers et des fils de famille devient une pratique publique. »

P. Bruckner,
Le Sanglot de l'homme blanc, 1983.

De nos jours, les jeunes gens, même issus de milieux populaires, peuvent partir à l'aventure, à la recherche de mondes nouveaux, plus supportables ou exotiques. Ils entrent par exemple en contact avec des sociétés primitives, tentant de faire ainsi des expériences fortes qui leur permettront de mieux se connaître.

580 L'aventure : « Elle peut se définir comme l'ensemble des événements qui adviennent à un personnage [...] placé dans une situation mouvementée donnant lieu à l'exploration d'un monde inconnu et à l'affrontement de dangers. »

C. Pociello, *Jeux de vertige et Exploits solitaires,*
Encyclopaedia Universalis, 1987.

581 « Le plus souvent on ne veut savoir que pour en parler. Autrement, on ne voyagerait pas sur la mer pour ne jamais en rien dire, et pour le seul plaisir de voir, sans espérance d'en jamais rien communiquer. »

Pascal,
Pensées, 1670.

Un voyage en mer peut nous mener au bout de nous-mêmes car il nous met face à l'élément puissant et impitoyable qu'est la mer. Une telle expérience peut sembler intime et très riche, elle peut nous apprendre beaucoup sur nous-mêmes. En réalité, notre seul désir est d'en revenir pour en faire aux autres le récit, pour nous faire valoir.

582 « Partir c'est mourir un peu
C'est mourir à ce qu'on aime. »

E. Haraucourt, « Rondel de l'adieu »,
Choix de poésies, 1981.

583 « Ce qui comptait pour moi, c'était de découvrir un ailleurs qui pût devenir un ici. »

G. Marcel,
Existentialisme chrétien, 1964.

Le but du voyage n'est pas de fuir toujours mais de trouver le lieu où il est possible de s'arrêter et de vivre en paix.

584 « Je cherche quelque chose de plus mystérieux encore. C'est le passage dont il est question dans les livres, l'ancien chemin obstrué, celui dont le prince harassé de fatigue n'a pu trouver l'entrée. »

Alain-Fournier,
Le Grand Meaulnes, 1913.

585 « Dites, qu'avez-vous vu ?
Nous avons vu des astres
Et des flots ; nous avons vu du sable aussi ;
Et malgré bien des chocs et d'imprévus désastres,
Nous nous sommes souvent ennuyés, comme ici. »

Baudelaire, « Le Voyage »,
Les Fleurs du mal, 1857.

586 « Voyager, c'est bien utile, ça fait travailler l'imagination. »

L.-F. Céline,
Voyage au bout de la nuit, 1932.

587 « L'ennui du constamment nouveau, l'ennui de découvrir, sous la différence fallacieuse des choses et des idées, la permanente identité de tout. »

F. Pessoa,
Le Livre de l'intranquillité, 1934.

Tout se ressemble : les paysages, les hommes, les façons de vivre. La vie est partout aussi triste et il n'y a rien à attendre du dépaysement qui ne pourra jamais nous révéler du véritablement nouveau.

588 « Plonger au fond du gouffre, Enfer ou ciel, qu'importe ? Au fond de l'Inconnu pour trouver du nouveau ! »

Baudelaire, « Le Voyage »,
Les Fleurs du mal, 1857.

Pour tuer son ennui, l'homme voyage, cherche sur terre les moyens de se divertir. Mais rien n'est suffisant pour combler son appétit de nouveau. Peut-être la mort lui réserve-t-elle un sort plus heureux : elle est l'inconnu qui lui reste à explorer, en laquelle l'éternité est peut-être, qui sauvera l'homme de sa condition médiocre.

3. La musique

589 « Revendiquée comme une évasion ou une détente, tour à tour masque des appréhensions et du désespoir ou reflet de la mode et des désirs, la musique pop et rock porte en elle des traces d'un rituel qui rassemble. »

M.-S. Humeau, *Du Conditionnement musical à la musico-dépendance*, Encyclopaedia Universalis, 1990.

La musique rock est une musique qui rassemble autour d'elle un groupe de jeunes pour lesquels elle possède véritablement quelque chose de sacré.

590 « La musique est peut-être l'exemple unique de ce qu'aurait pu être – s'il n'y avait pas eu l'invention du langage, la formation des mots, l'analyse des idées – la communication des âmes. »

M. Proust, *À la recherche du temps perdu*, 1927.

Par la musique, les âmes communiquent, peut-être mieux que par les mots ou les idées.

591 « La musique creuse le ciel. »

Baudelaire, *Fusées*, 1887.

La musique est un peu comme la poésie : elle n'est pas sans rapport avec le ciel, elle est inspirée par les dieux et retourne à eux.

592 « La musique donne l'idée de l'espace. »

Baudelaire, *Id.*

593 « La musique seule peut parler de la mort. »

A. Malraux, *Les Chênes qu'on abat*, 1971.

La musique est divine, elle est donnée par les dieux et elle connaît donc les mystères de la vie et de la mort.

594 « Le virtuose ne sert pas la musique ; il s'en sert. »

J. Cocteau, *Portraits-souvenirs*, 1935.

Le virtuose se sert de la musique pour briller facilement, il ne sert pas la musique comme le ferait avec amour un amateur plus modeste.

595 « La musique, c'est du bruit qui pense. »

V. Hugo, *Fragments*, éd. posthume, 1983.

596 « Si la musique est la partie maîtresse de l'éducation, n'est-ce pas, Glaucon, parce que le rythme et l'harmonie sont particulièrement propres à pénétrer l'âme ? »

Platon, *République*, III, 401e, IVe siècle avant J.-C.

4. Le sport

597 « En Occident, l'idéal olympique fait aujourd'hui partie d'une gigantesque entreprise de dépolitisation qui utilise le sport, la mode, les gadgets, l'automobile, les loisirs, les chansons, les faits divers, etc., afin de détourner l'attention des problèmes fondamentaux. »

M. Duverger,
Le Monde, septembre 1972.

En Grèce, à l'origine, le sport était lié à la religion : il était un hommage aux dieux, car les Grecs n'avaient pas séparé le corps de l'âme comme cela s'est passé avec le christianisme. De nos jours, les jeux olympiques, notamment, n'ont plus cette valeur sacrée et ne servent plus qu'à divertir le public des problèmes réels.

598 « La vigueur naît de l'exercice en liberté, au grand air, avec de la joie, des jeux, des danses et des chants, même avec un peu de folie. »

G. Demeny, *L'Éducation de l'effort*,
fin du XXe siècle.

599 « Quelques-uns seulement s'emploient à tirer des ressources du sport, tous les autres ont une idée très nette de l'usage qu'ils doivent en faire dans la préparation de leur existence d'homme. »

B. Gillet,
Histoire du sport, 1976.

Deuxième partie

Art et littérature

I. Création artistique

1. L'inspiration

Deux grands mouvements en l'homme s'affrontent et s'allient pour donner naissance à l'œuvre d'art : un mouvement spontané et un mouvement étudié que la volonté dirige. Le premier est l'inspiration, souffle divin donné par les cieux, et le second est « l'art » proprement dit, possédant ses règles et exigeant de l'homme qui veut construire son œuvre un travail patient.

600 « L'âme se tait quand l'esprit la regarde. »

P. Claudel,
Position et Proposition I, 1928.

Devant l'esprit (*animus*) qui juge et raisonne, l'âme (*anima*) ne peut se laisser aller à son élan, elle perd sa fougue et retient son souffle, elle se tait.

601 « Anima est une ignorante, et une sotte, elle n'a jamais été à l'école, tandis qu'Animus sait un tas de choses, il a lu un tas de choses dans les livres, il s'est appris à parler avec un petit caillou dans la bouche [...]. »

P. Claudel, *Id.*

Animus, l'esprit, a dû travailler et prendre beaucoup de peine pour arriver où il en est. Anima, en revanche, l'âme, est inspirée et tout son savoir est inné, donné par les dieux.

602 « Le poète est celui qui inspire bien plus que celui qui est inspiré. »

P. Éluard,
Préface à *Ralentir travaux*, 1930.

Le vrai poète est celui qui donne aux autres l'occasion ou le désir de s'exprimer, celui qui leur donne des idées.

603 « Les travaux de l'esprit ne semblent à beaucoup d'écrivains qu'une occupation presque mécanique, et qui remplit leur vie comme toute autre profession pourrait le faire ; [...] mais de tels hommes ont-ils l'idée du sublime bonheur de la pensée quand l'enthousiasme l'anime ? »

Mme de Staël,
De l'Allemagne, 1813.

L'enthousiasme signifie Dieu en nous. Les hommes enthousiastes sont donc habités par Dieu, inspirés par Dieu, et leur bonheur n'est en rien comparable au bonheur que l'on peut trouver dans un travail mécanique, même s'il est un travail qui sollicite l'esprit.

604 La muse au poète : « Poète, prends ton luth et me donne un baiser. »

A. de Musset, *La Nuit de mai*, 1835.

La muse (déesse, dans la mythologie antique, des arts libéraux) représente l'inspiration qui possède les hommes. Elle encourage le poète à « l'embrasser », à se laisser séduire par elle. Ainsi, muni de son luth (instrument de musique symbole de la poésie lyrique), il écrira.

605 « À l'idée d'inspiration, s'oppose celle de fabrication. »

A. Thibaudet,
Réflexions sur le roman, 1938.

L'artiste qui fabrique une œuvre doit se donner de la peine : il travaille, corrige ses épreuves. L'artiste qui est en proie à l'inspiration se laisse guider par elle, l'œuvre lui est donnée.

606 « Il n'y a que cette force secrète dont les paroles sont animées qui vienne immédiatement du ciel. »

J. Chapelain,
Opuscules critiques, 1630.

L'inspiration vient du ciel, elle est une force secrète, donc mystérieuse, et les paroles qu'elle livre sont animées, c'est-à-dire qu'elles sont vivantes, douées de vie.

607 « Le tout, c'est d'avoir du génie à vingt ans et du talent à quatre-vingt. »

C. Corot, cité par Marguerite Matisse
in *Les Nouvelles littéraires*, avril 1970.

608 « L'inspiration est l'hypothèse qui réduit l'auteur au rôle d'un observateur. »

P. Valéry, *Choses tues*, 1930.

Valéry nie et refuse le rôle de l'inspiration, car elle dépossède l'auteur de sa responsabilité d'auteur. Il devient l'observateur de ses propres productions, puisqu'elles lui sont données sans qu'il ait besoin de peiner.

609 « Le vrai poète n'est jamais 'inspiré' : il se situe précisément au-dessus de ce plus et de ce moins, identiques pour lui, que sont la technique et l'inspiration. »

R. Queneau, *Odile*, 1937.

Les deux mouvements qui s'opposent, le travail et l'inspiration, sont renvoyés par Queneau dos à dos : pour lui, ni l'un ni l'autre ne suffit à expliquer l'origine de l'œuvre poétique. Le poète est au-dessus de tout cela. On peut supposer qu'il possède un monde merveilleux et magique qu'il s'évertue à exprimer, et, pour cette tâche difficile, la technique et l'inspiration sont également insuffisantes.

610 Contre l'inspiration : « Le poète préférera écrire dans une entière lucidité quelque chose de faible plutôt que d'enfanter à la faveur d'une transe un chef-d'œuvre d'entre les plus beaux. »

P. Valéry, *Variété*, 1924-44.

Certains poètes, dont Valéry, choisiront d'écrire sans se laisser guider par l'inspiration qui leur est donnée par les dieux, car ils refusent l'état de transe qui accompagne ce mouvement divin – état que l'on peut comparer à l'état mystique : l'homme est habité par une force qu'il ne domine pas, il est hors de lui-même –, et préféreront faire confiance à l'homme et à ses aptitudes au travail. C'est le génie qu'ainsi, pour être vraiment un homme, l'homme refuse.

611 « Celui qui est inspiré a ce sentiment qu'il va parler, écrire sans fin. »

M. Blanchot,
L'Espace littéraire, 1955.

Lorsque l'homme est possédé par cette « force secrète » qu'est l'inspiration, il ne s'appartient plus et ne se limite plus : sa parole peut ne pas avoir de fin.

612 « Tout art s'apprend par art, la seule poésie est un pur don céleste. »

Du Bartas, *L'Uranie*, 1583.

Du Bartas joue ici sur le sens du mot art. L'art signifie aussi : technique. N'importe quelle forme d'art s'apprend et se travaille : c'est la technique qui intervient dans l'élaboration d'un tableau, d'un roman. La poésie seule échappe à cette règle car elle est un don du ciel.

613 « Le génie, c'est Dieu qui le donne, mais le talent nous regarde. »

G. Flaubert, *Correspondance*,
« À Louise Colet », 1853.

Le génie est donné par les dieux. L'homme de génie est un homme inspiré qui n'a que faire de travailler. Le talent s'acquiert par l'application et le labeur quotidien.

614 « Le beau est le fruit d'une inspiration persévérante qui n'est qu'une suite de labeurs opiniâtres. »

E. Delacroix,
Œuvres littéraires posthumes, 1923.

Delacroix nie l'inspiration puisqu'il en fait une série de labeurs, ce qu'elle n'est en aucun cas.

615 « Regarder Eurydice sans souci du chant, dans l'impatience et l'imprudence du désir qui oublie la loi, c'est cela même l'inspiration. »

M. Blanchot,
L'Espace littéraire, 1955.

Orphée, le musicien, a la possibilité d'aller chercher aux Enfers sa compagne Eurydice qui est morte. Elle sera donc sauvée. Mais pour cela une loi a été fixée à Orphée : il ne devra pas regarder Eurydice tant que durera leur voyage. S'il la regarde avant d'aborder au royaume des vivants, il la perdra pour toujours. Mais Orphée est impatient. Il obéit à son désir, oublie la loi et compromet donc le salut d'Eurydice. Le poète qui se jette sur son œuvre, qui, d'une certaine façon, « regarde » celle-ci avant de se soumettre à la loi de la réflexion et du travail, perd son œuvre, compromet son « chant ». L'inspiration est cela même, l'obéissance au désir pur d'écrire, dans l'oubli des règles qui régissent l'écriture.

616 « Le goût est le bon sens du génie. »

Chateaubriand,
Essai sur la littérature anglaise, 1836.

Le génie ne connaît pas de limite : il peut même être extravagant. Le goût est le mouvement qui cherche à maîtriser le génie, qui lui donne la retenue nécessaire aux bienséances.

617 « Avec le talent on fait ce qu'on veut. Avec le génie, on fait ce qu'on peut. »

Ingres, cité par Julien Green
in *Journal*, 1975-77.

Le talent a plus de valeur que le génie, car il dépend de l'homme, de sa volonté et de sa capacité de travail. Le génie est donné par les dieux : l'homme ne le domine donc pas mais lui est soumis.

2. Les origines et les fonctions de l'art

L'art et les émotions

618 « L'œuvre géniale est le plus souvent sortie d'une émotion unique en son genre, qu'on eût cru inexprimable et qui a voulu s'exprimer. »

H. Bergson,
L'Évolution créatrice, 1907.

À l'origine de l'art est l'émotion, complexe et unique, éphémère, que l'artiste a ressentie et qu'il a voulu malgré tout exprimer, immortaliser.

619 « Ce qu'il faut au poète, c'est l'émotion. Quand j'éprouve, en faisant un vers, un certain battement de cœur que je connais, je suis sûr que mon vers est de la meilleure qualité que je puisse pondre. »

A. de Musset, Lettre à son frère,
Correspondance, éd. posthume, 1907.

620 « L'art ne fait que des vers, le cœur seul est poète. »

A. de Chénier, « L'Aveugle »,
in *Œuvres complètes*, 1821.

621 « Ah, frappe-toi le cœur, c'est là qu'est le génie ! »

A. de Musset, Lettre à E. Bocher,
Correspondance, éd. posthume, 1907.

Le cœur, domaine des émotions, est ce qui inspire les plus grandes œuvres. L'artiste doit, pour créer des chefs-d'œuvre, ne prendre aucune distance par rapport au sujet traité. C'est lorsqu'il souffre qu'il exprime le mieux la douleur.

622 « Pour me tirer des pleurs, il faut que vous pleuriez. »

Boileau,
L'Art poétique, 1674.

623 « Pour tout peindre, il faut tout sentir. »

Lamartine,
Premières méditations poétiques, 1820.

L'artiste ne pourra pas exprimer ce qu'il n'a pas connu et senti.

624 « Écoute ton cœur battre et dis ce que tu sens. »

Lamartine, *Jocelyn*, 1836.

625 « L'artiste, le vrai artiste, le vrai poète, ne doit peindre que selon ce qu'il voit et ce qu'il sent. Il doit être réellement fidèle à sa propre nature. »

Baudelaire, *Salon de 1859*.

626 « Tout le secret de l'art est peut-être de savoir ordonner des émotions désordonnées mais de les ordonner de telle façon qu'on en fasse sentir encore mieux le désordre. »

Ch.-F. Ramuz, *Journal*, 1906.

Nos émotions nous parviennent en désordre : nous pouvons en effet dans la vie passer d'une grande joie à une subite tristesse, nous pouvons sans raison pleurer ou aimer ou haïr. L'œuvre d'art transcrit ces émotions et tente de les arranger entre elles de telle sorte que leur désordre soit beau ou significatif.

627 « Les manifestations heureuses ne sortent que d'une émotion, et une émotion ne sort que d'une conviction. »

G. Sand,
Lettre à Flaubert, 1876.

Ce n'est que lorsque l'artiste est ému que l'œuvre est réussie. L'artiste est ému quand il est convaincu par ce qu'il dit, et qu'il veut en convaincre les autres. L'artiste ne doit pas se contenter de restituer dans l'œuvre d'art la réalité sans la juger : il doit s'engager, prendre position.

628 « J'ai juré de vous émouvoir – d'amitié ou de colère, qu'importe ? je vous donne un livre vivant. »

G. Bernanos,
La Grande peur des bien-pensants, 1931.

629 « Nos émotions sont dans nos mots comme des oiseaux empaillés. »

H. de Montherlant,
Carnets, 1930-44.

Les émotions exprimées dans l'œuvre d'art (poésie, roman) sont abîmées : elles ont perdu la vie qui les caractérise, elles sont devenues rigides puisqu'elles sont exposées et expliquées, elles ont perdu de leur liberté et de leur désordre naturel.

L'art et le désir d'éternité

630 « Ce que l'homme a fait de plus grand, il le doit au sentiment de l'incomplet de sa destinée. »

Mme de Staël,
De la littérature, 1800.

C'est parce qu'il a quelque chose à chercher que l'homme crée. C'est parce qu'il a l'illusion qu'il pourra retrouver le bonheur et la perfection perdus qu'il fait de grandes choses.

631 « Il faut, pour concevoir la vraie grandeur de la poésie lyrique, errer par la rêverie dans ces régions éthérées, oublier le bruit de la terre pour écouter l'harmonie céleste. »

Mme de Staël,
De l'Allemagne, 1813.

Pour comprendre la poésie lyrique, il faut avoir une idée du ciel, de l'éternité, de Dieu, il faut être capable de rêver et de s'abstraire du monde dans lequel on vit : c'est que la poésie lyrique révèle aux hommes des bribes de la perfection céleste et son auteur est toujours un inspiré qui parle au nom des dieux.

632 « Je veux un bien, un rêve, une espérance enfin qui soit toujours devant moi, au-delà de moi, plus grande que mon attente elle-même, plus grande que tout ce qui passe. »

Senancour,
Oberman, 1804.

L'artiste cherche ce qui est plus grand que lui-même, il cherche dans l'art l'absolu.

633 « Nul n'a jamais écrit ou peint, sculpté, modelé, construit, inventé que pour sortir en fait de l'enfer. »

A. Artaud, *Van Gogh, le suicidé de la société*, 1947.

L'art est pour l'homme une façon de supporter la vie infernale qu'il connaît, de la reconstruire à sa manière, de la dépasser.

634 « C'est dans l'Art que l'homme se dépasse définitivement lui-même. »

S. de Beauvoir, *Privilèges*, 1955.

635 « Chaque mot écrit est une victoire contre la mort. »

M. Butor, *Entretiens avec Georges Charbonnier*, 1964.

L'art sert à vaincre la mort : il crée une nouvelle vie, plus belle que la vie réelle, durable. Chaque mot que l'artiste écrit est une trace qu'il laisse de son passage sur la terre : la mort l'engloutit moins vite.

636 « Le seul domaine où le divin soit visible est l'art, quelque nom qu'on lui donne. »

A. Malraux, *La Métamorphose des dieux*, 1957.

637 « [...] Tout passe
L'art robuste
Seul a l'éternité. »

Th. Gautier, *Émaux et Camées*, 1852.

L'art et l'imitation

638 « Il n'y a qu'une méthode pour inventer, qui est d'imiter. Il n'y a qu'une méthode pour bien penser, qui est de continuer quelque pensée ancienne et éprouvée. »

Alain, *Propos sur l'éducation*, 1932.

639 « Tout art est une imitation de la nature. »

Sénèque,
Épîtres, 65, 3, Ier siècle après J.-C.

640 « Mon imitation n'est point un esclavage :
Je ne prends que l'idée, et les tours et les lois
Que nos maîtres suivaient eux-mêmes autrefois. »

La Fontaine,
Épître à Huet, 1687.

Longtemps les auteurs ont pensé qu'il fallait, en art, imiter les sujets déjà traités par les auteurs anciens. Ainsi Racine, dans la Préface d'*Andromaque*, cite Virgile, Euripide, et se recommande d'eux. Pourtant, cette imitation n'est pas un esclavage, l'œuvre produite n'est pas un plagiat : Racine, comme La Fontaine, a bien une personnalité incontestée et originale.

641 « Le plagiat est la base de toutes les littératures, excepté de la première, qui d'ailleurs est inconnue. »

J. Giraudoux, *Siegfried*, 1928.

642 « Le très grand art est celui dont les imitations sont légitimes, dignes, supportables, et qui n'est pas détruit ni déprécié par elles. »

P. Valéry, *Choses tues*, 1930.

Les grandes œuvres d'art sont celles qui ne perdent pas de leur valeur lorsqu'on les imite.

643 « La vraie création romanesque utilise le réel et n'utilise que lui, avec sa chaleur et son sang, ses passions ou ses cris. Simplement, elle y ajoute quelque chose qui le transfigure. »

A. Camus,
L'Homme révolté, 1951.

L'artiste prend pour modèle la réalité, mais il lui ajoute quelque chose qui la rend plus belle, plus poétique, qui la complète.

644 « Toute création est, à l'origine, la lutte d'une forme en puissance contre une forme imitée. »

A. Malraux, *Psychologie de l'art*, 1937.

645 « Il ne peut y avoir de réalisme véritable que si l'on fait sa part à l'imagination. »

M. Butor,
Répertoire II, 1964.

Le réalisme seul n'existe pas ; l'imagination joue toujours un rôle dans l'expression artistique de la réalité.

646 « L'art n'est pas une imitation mais une conquête. »

A. Suarès, *Goethe, le grand Européen*, 1932.

L'art part à la conquête de la réalité. Il veut la faire sienne. Toute la nature sera transformée, transfigurée en œuvre d'art.

L'art et l'expression

647 « Peindre, c'est faire apparaître une image qui n'est pas celle de l'apparence naturelle des choses, mais qui a la force de la réalité. »

R. Dufy (1877-1953), *Carnet*.

L'œuvre d'art n'est pas une copie de la réalité. Elle ne lui ressemble souvent même pas. Mais telle qu'elle est, elle possède autant de force que la réalité avec laquelle elle rivalise.

648 « La mission de l'art n'est pas de copier la nature mais de l'exprimer. »

Balzac, *Le Chef-d'œuvre inconnu*, 1831.

L'artiste qui imite la réalité reproduit exactement ce qui existe. L'artiste qui exprime la réalité, la traduit, la représente telle qu'elle est pour lui.

649 « Voir, sentir, exprimer – tout est là. »

J. et E. de Goncourt,
Journal, 1851-96.

Dans un premier temps, l'artiste voit la réalité. Au lieu de la copier immédiatement, il en ressent les peines ou les joies et ce n'est que lorsqu'ainsi il la possède qu'il peut l'exprimer, la donner aux autres telle qu'elle est pour lui.

650 « La reproduction de la nature par l'homme ne sera jamais une reproduction ni une imitation, ce sera toujours une interprétation. »

Champfleury,
De la réalité dans l'art, 1857.

L'homme qui fait une œuvre d'art (un livre, un tableau) interprète la nature, la donne telle qu'elle est pour lui et non pas telle qu'elle est en réalité. Champfleury explique : si on réunit dix photographes dans la nature, ils feront tous la même œuvre, il n'y aura aucune variation entre les dix photographies produites. En revanche, si on réunit dix peintres dans la nature et qu'on compare leur œuvre après quelques heures de travail, on constate qu'aucune œuvre ne se ressemble. L'homme n'est pas une machine, il ne rend pas les choses machinalement. Il subit la loi de son moi, il ne peut que les interpréter. Il va sans dire que Champfleury ne considère pas la photographie comme un art, mais comme une technique.

651 « S'il advient que l'artiste fixe un moment privilégié, il ne le fixe pas parce qu'il le reproduit mais parce qu'il le métamorphose. »

A. Malraux,
Les Voix du silence, 1951.

Les moments saisis par l'artiste deviennent des instants impérissables, éternels, car ils ont été transfigurés. Ils sont plus beaux que les instants réels, ou plus tristes.

652 « Pour que le réalisme ne soit pas un mot vide de sens, il faudrait que tous les hommes eussent le même esprit, la même façon de concevoir les choses. »

E. Delacroix, *Journal*, 1893-95.

Si la réalité était la même pour tout le monde, tous les artistes l'exprimeraient de la même façon. On pourrait parler d'un art réaliste. Mais les hommes ne connaissent pas tous la même réalité : chacun exprime celle qu'il connaît, qu'il possède. Puisqu'on ne peut donc pas parler d'une réalité, on ne peut pas parler d'art réaliste.

653 « Les grands artistes ne sont pas les transcripteurs du monde, ils en sont les rivaux. »

A. Malraux,
Les Voix du silence, 1951.

654 « Un roman n'est pas de la vie représentée, c'est de la vie racontée. »

P. Bourget, *Pages de critique et de doctrine*, 1909.

L'artiste « raconte » la vie et ne l'imite pas. Il est le narrateur, c'est-à-dire qu'il est un témoin qui agit sur l'histoire, qui peut la juger, la déformer.

655 « La meilleure des photographies trahit déjà le réel, elle naît d'un choix. »

A. Camus, *L'Homme révolté*, 1951.

La photographie semble être un art objectif : elle reproduit un morceau de la réalité. Pourtant, par elle aussi, l'artiste exprime sa réalité propre : il choisit le morceau de réalité à reproduire, il peut le disposer à sa guise, il peut faire un montage, il peut utiliser des lumières qui trahiront les lumières réelles, créeront des ombres significatives. Il peut aussi retoucher la photographie après le développement.

656 « Une œuvre d'art est un coin de la création vue à travers un tempérament. »

E. Zola, *Mes Haines*, 1871.

Le tempérament est l'ensemble des caractères innés qui déterminent le comportement d'une personne. L'œuvre d'art reproduit un coin, un morceau du monde, mais ce morceau est teinté de la personnalité de l'artiste, vu à travers le filtre de son tempérament.

657 « Grâce à l'art, au lieu de voir un seul monde, le nôtre, nous le voyons se multiplier, et autant qu'il y a d'artistes originaux, autant nous avons de mondes à notre disposition [...]. »

M. Proust, *À la recherche du temps perdu*, 1927.

L'art est découverte

658 « Tout grand art donne à voir ce qui n'était pas. »

G. Picon, *L'Écrivain et son ombre*, 1953.

L'art n'est même plus expression du réel, il est création à part entière. C'est-à-dire qu'il ne se contente pas de transfigurer les moments privilégiés qu'il veut fixer, il crée des moments qui ne sont pas de la réalité. Il forme, il invente une nouvelle réalité.

659 « Ainsi le but de l'art est presque divin : ressusciter s'il fait de l'histoire ; créer s'il fait de la poésie. »

V. Hugo, *Préface de Cromwell*, 1827.

660 « Avant l'œuvre, il n'y a rien, pas de certitude, pas de thèse, pas de message. »

A. Robbe-Grillet, *Pour un Nouveau Roman*, 1963.

L'artiste qui se met à une œuvre ne sait pas ce qu'il veut dire, ce qu'il veut représenter. Il va découvrir après l'œuvre le sens de l'œuvre. Nous sommes loin ici de l'art considéré comme imitation du réel.

661 « En créant un monde, en l'inventant, le créateur le découvre. »

E. Ionesco, *Notes et contre-notes*, 1962.

L'artiste crée et sa création lui échappe : elle est étonnante, différente de l'idée qu'il pouvait s'en faire, plus grande que lui. Pour que l'artiste soit en position de « découvrir » sa création, il faut supposer qu'il est un inspiré qui livre un monde qu'il ne possède pas mais qui lui a été dicté : il découvre donc ce monde presque en même temps que ses lecteurs. Ou encore que l'art est une force à part entière, une force vivante qui, se libérant de l'artiste, acquiert son autonomie, et étonne même son auteur.

662 « Je ne fais pas plus mon livre que mon livre ne me fait. »

Montaigne, *Essais*, II, 18, 1580.

En écrivant, Montaigne se forme. Il apprend à se connaître après l'œuvre.

L'art est consolation

663 « Parler répare. L'absurdité complète essaye d'être muette. »

A. Camus, *L'Homme révolté*, 1951.

Parler, créer une œuvre d'art : autant d'actions mettant en forme certains moments de la vie, mettant en forme jusqu'à la douleur et le désespoir. La douleur commence à être dépassée lorsqu'elle est parlée. Elle continue peut-être à être insupportable, mais l'artiste qui l'exprime lui donne un sens, et donne un sens à la vie qui offre les douleurs. Parler console et sauve l'homme de l'absurdité.

664 « Nommer le désespoir, c'est le dépasser. La littérature désespérée est une contradiction dans les termes. »

A. Camus, *Id.*

La littérature ne peut être désespérée puisqu'elle est affirmation d'un sens et d'une forme donnés à la vie. De plus, l'artiste écrit rarement pour lui seul : son œuvre est destinée aux autres. D'une manière ou d'une autre, timidement peut-être, l'artiste en appelle aux autres. Un appel n'est jamais dénué d'espérance.

665 « Si je ressens que tout est vain, cette même pensée m'interdit de l'écrire. »

P. Valéry, *Variété*, 1924-44.

Si tout est vain, la littérature est vaine aussi. Je ne ressens pas le besoin d'écrire que tout est vain car il s'agirait encore de littérature, et celle-ci est vaine comme tout le reste. Si je ressens que tout est vain, j'abandonne tout, jusqu'à la littérature.

666 « Un homme parfaitement heureux, quelque doué qu'il soit, ne créerait pas. »

B. Grasset,
Rilke et la vie créatrice, 1937.

L'art et les autres

667 « Je voudrais bien savoir si la grande règle de toutes les règles n'est pas de plaire. »

Molière, *La Critique de l'École des femmes*, 1663.

Le plaisir des lecteurs et des spectateurs, en art, est le plus grand critère de réussite.

668 « Il n'y a d'art que pour et par autrui. »

J.-P. Sartre,
Situations, 1947.

L'artiste qui fait une œuvre d'art s'adresse à quelqu'un : il veut émouvoir, appeler, séduire, convaincre. Il agit pour autrui. L'artiste trouve en autrui la matière de son œuvre : il part des sentiments humains, des comportements humains, de la faiblesse humaine. Il agit par autrui.

669 L'artiste : « Son but devrait être de faire aimer les objets de sa sollicitude. »

G. Sand, « L'auteur au lecteur »,
La Mare au diable, 1846.

L'artiste n'est jamais objectif : il fait une œuvre d'art pour défendre ses opinions, parler de ce qu'il aime, juger les actions de ses personnages, proposer une morale. C'est pour les autres qu'il écrit, il tente de les convaincre, de leur faire aimer ce qu'il aime.

670 « J'écris sur les terrasses des cafés car je ne saurais me passer longtemps du visage et de la voix humaine. »

G. Bernanos, *Les Grands Cimetières sous la lune*, 1938.

À l'origine de l'œuvre d'art, il y a l'amour de l'artiste pour le genre humain.

671 « Toute vocation est un appel – *vocatus* – et tout appel veut être transmis. Ceux que j'appelle ne sont pas nombreux, mais c'est pour eux, c'est pour eux que je suis né. »

G. Bernanos, *Les Grands Cimetières sous la lune*, 1938.

L'écrivain est appelé (*vocatus*) à s'exprimer. Il doit convaincre les autres. Son art est un sacerdoce, une vocation comparable à la vocation ecclésiastique.

672 « Quand on travaille pour plaire aux autres, on peut ne pas réussir, mais les choses qu'on a faites pour se contenter soi-même ont toujours une chance d'intéresser quelqu'un. »

M. Proust,
Pastiches et Mélanges, 1919.

673 « Vive le mélodrame où Margot a pleuré. »

A. de Musset,
Après une lecture, 1842.

L'art le plus précieux est l'art populaire, l'art qui émeut le peuple, le mélodrame par exemple.

674 « On ne peut pas écrire bien, on ne peut pas arriver à écrire, à s'exprimer si l'on n'a pas une haute idée de ce qu'est l'être humain et une sensibilité à tout ce qui est bas, à tout ce qui est affreux dans le monde. »

J.-M. G. Le Clézio,
Entretien avec J.-L. Godard, *L'Express*, 1966.

L'écrivain s'engage donc : il est du moins le défenseur d'une morale.

675 « On ne peut rien écrire dans l'indifférence. »

S. de Beauvoir,
Les Mandarins, 1954.

L'artiste est forcément engagé. Il ne peut être indifférent au monde et aux hommes.

676 « Je parle au papier comme je parle au premier que je rencontre. »

Montaigne,
Essais, III, 1, 1580.

L'art pur

677 « Le style est l'homme même. »

Buffon,
Discours sur le style, 1753.

C'est par son style que l'homme peut imprimer une marque personnelle à la pensée.

678 « Le style n'est que le mouvement de l'âme. »

J. Michelet,
Journal, juillet 1820.

679 « Le style étant à lui seul une manière absolue de voir les choses. »

G. Flaubert,
Lettre à Louise Colet, 1852.

La forme suffit à exprimer la pensée de l'artiste.

680 « Ce qui me semble beau, ce que je voudrais faire, c'est un livre sur rien, un livre sans attache extérieure qui se tiendrait de lui-même par la force interne de son style. »

G. Flaubert, *Id.*

Le livre idéal ne doit traiter d'aucun sujet extérieur à lui-même, il est un tout que seule justifie la beauté de son style.

681 « Les ouvrages bien écrits seront les seuls qui passeront à la postérité. »

Buffon, *Discours sur le style*, 1753.

Le style est le critère absolu de la beauté. La forme est primordiale.

682 « J'estime par-dessus tout le style, et ensuite le vrai. »

G. Flaubert, *Correspondance*,
« À Louis Bonenfant », 1856.

683 « L'artiste s'aperçoit vite qu'il ne crée que pour rien. »

A. Robbe-Grillet,
Pour un Nouveau Roman, 1963.

684 « En général, dès qu'une chose devient utile, elle cesse d'être belle. »

Th. Gautier,
Poésies complètes, Préface, 1876.

L'art ne peut être réduit à l'état de moyen au service d'une cause qui le dépasserait, il est absolument gratuit. Les notions d'utile et de beau s'opposent irrémédiablement.

685 « Nous croyons à l'autonomie de l'art ; l'art pour nous n'est pas le moyen mais le but. »

Th. Gautier, *L'Artiste*, 1856.

686 « Il faut de la religion pour la religion, de la morale pour la morale, de l'art pour l'art. Le bien et le saint ne peuvent être la route de l'utile ni même du beau. »

V. Cousin, *Cours de Philosophie*, 1828.

Cette phrase est à l'origine de la théorie de l'art pour l'art, à savoir que l'art ne doit pas être utile, il ne doit avoir que lui-même pour but.

687 « Chez un écrivain, quand on tient l'air, les paroles viennent vite. »

M. Proust, *Contre Sainte-Beuve*,
éd. posthume, 1954.

L'important, c'est l'air et non pas les paroles. L'important, c'est la musique, la beauté du style, la forme.

688 « Une œuvre où il y a des théories est comme un objet sur lequel on laisse la marque du prix. »

M. Proust, *À la recherche du temps perdu*, 1927.

Une œuvre d'art ne se conçoit que désintéressée : elle ne doit pas exprimer des idées si elle ne veut pas déchoir.

689 « Où la Forme manque, l'Idée n'est plus. Chercher l'un, c'est chercher l'autre. »

G. Flaubert,
Correspondance, 1852.

690 « Le style est la poésie dans la prose, je veux dire une manière d'exprimer que la pensée n'explique pas. »

Alain,
Avec Balzac, 1937.

Le style exprime en lui-même des choses que la pensée et l'expression ordonnée de celle-là n'est pas capable d'exprimer. Même en prose, il fait figure de poésie.

691 « Ce que l'art est tout d'abord, et ce qu'il demeure avant tout, est un jeu. »

G. Bataille, *Lascaux ou la Naissance de l'art*, 1955.

692 « [...] Car le style pour un écrivain, aussi bien que la couleur pour le peintre est une question non de technique mais de vision. »

M. Proust, *À la recherche du temps perdu*, 1927.

3. L'art et la réalité

Le vrai et le vraisemblable

693 « Rien n'est beau que le vrai, le vrai seul est aimable. »

Boileau,
Art poétique, 1674.

L'œuvre d'art doit être peinture du vrai. L'art est imitation de la vie réelle.

694 « Rien n'est beau que le vrai, dit un vers respecté
Et moi je lui réponds, sans crainte d'un blasphème
Rien n'est vrai que le beau, rien n'est vrai sans beauté. »

A. de Musset,
Après une lecture, 1842.

695 « Il n'y a que le vraisemblable qui touche dans la tragédie. »

Racine,
Préface de *Bérénice*, 1670.

La vérité n'est pas la fidélité aux détails de la réalité historique, qui peut être trop complexe, invraisemblable. Il faut trouver une vérité artistique, vraisemblable, plausible celle-là. On peut par exemple respecter le tempérament d'une personne ou les mœurs d'un peuple et faire évoluer ces caractères dans des circonstances différentes de celles qui furent réelles.

696 « Le vrai littéraire ne saurait être le vrai de la nature. »

Balzac,
Le Cabinet des Antiques, 1839.

697 « Je réfutais presque pour faux tout ce qui n'était que vraisemblable. »

Descartes,
Discours de la méthode, 1637.

Descartes met tout en doute pour trouver la vérité unique qui s'imposera.

698 « Je ne craindrais pas d'avancer que le sujet d'une belle tragédie doit n'être pas vraisemblable. »

Corneille, « Au lecteur »,
Héraclius, 1647.

À Racine qui choisit le vraisemblable au détriment du vrai, s'oppose Corneille qui choisit le vrai, même s'il est merveilleux, extraordinaire.

699 « Le vrai peut quelques fois n'être pas vraisemblable. »

Boileau, *Art poétique*, 1674.

700 « Faire vrai consiste donc à donner l'illusion complète du vrai, suivant la logique ordinaire des faits, et non à les transcrire servilement dans le pêle-mêle de leur succession. »

Maupassant,
Préface de *Pierre et Jean*, 1887.

Maupassant affirme le paradoxe suivant : l'artiste qui se prend pour un artiste réaliste est un grand illusionniste car il est obligé d'ordonner et d'arranger la réalité qui serait insupportable si elle était transcrite dans l'œuvre sans aménagement. Il n'existe donc pas d'artistes réalistes.

701 « Il n'est point de création puissante qui ne se nourrisse de quelque monstruosité. »

M. Arland,
Chronique de la peinture moderne, 1939.

Monstruosité : ou encore merveille, événement invraisemblable, choquant le sens commun.

L'Art est mensonge

702 « C'est au moment où l'on triche pour le beau que l'on est artiste. »

M. Jacob,
Art poétique, 1922.

Quel que soit le choix que fait l'artiste (imiter la vie et prendre le vrai pour matière de son œuvre ou exprimer la nature selon ses propres critères et par là s'exprimer lui-même), il ne peut que mentir.

703 « L'art est le plus beau des mensonges. »

Cl. Debussy, *Monsieur Croche, antidilettante*, 1921.

704 « Avant que l'art eût façonné nos manières et appris à nos passions à parler un langage apprêté, nos mœurs étaient rustiques mais naturelles. »

J.-J. Rousseau, *Discours sur les sciences et les arts*, 1750.

L'art ne nous apprend qu'à tricher : le langage devient apprêté, les passions sont exaltées et ne s'expriment pas avec sincérité : l'art a un effet néfaste sur les mœurs, il les corrompt, les détourne de la nature.

705 « L'art est sans doute la seule forme de progrès qui utilise aussi bien les voies de la vérité que celles du mensonge. »

J.-M. G. Le Clézio, *L'Extase matérielle*, 1967.

706 « Qui se confesse ment. »

P. Valéry, *Variété*, 1924-44.

L'artiste qui pense se confesser dans son œuvre, qui pense s'exprimer, ment car il ne se connaît pas lui-même.

707 « La parole a été donnée à l'homme pour cacher sa pensée. »

Stendhal, *Le Rouge et le Noir*, 1830.

708 « La parole a été donnée à l'homme pour expliquer sa pensée. »

Molière, *Le Mariage forcé*, 1664.

709 « Le vrai c'est le faux – du moins en art et en poésie. »

G. de Nerval, *Les Nuits d'octobre*, 1852.

710 « Toute littérature dérive du péché. »

Baudelaire,
Lettre à Poulet-Malassis, 1860.

La littérature dérive du péché puisqu'elle dérive du mensonge.

711 « Il est hors de doute que tout a été dit, écrit, imprimé, crié ou gémi sur le malheur, à cette réserve près que ce n'est jamais le malheur qui parle, mais n'importe quel heureux bavard au nom du malheur. »

G. Bataille, *Documents*,
in *Œuvres complètes*, 1970-1988.

L'artiste qui parle du malheur n'est qu'un menteur : il ne le connaît pas. En effet, ce n'est pas tant que l'on souffre que l'on est capable de décrire la souffrance. L'artiste prend toujours du recul par rapport aux sentiments qu'il décrit.

712 « Le génie poétique est mort mais le génie du soupçon est venu au monde. Je suis profondément convaincu que le seul antidote qui puisse faire oublier au lecteur les éternels je que l'auteur va écrire, c'est une parfaite sincérité. »

Stendhal,
Souvenirs d'égotisme, 1832.

L'authenticité de la littérature est mise en question : l'écrivain dit « je » mais il ne parle pourtant pas de lui. Il ment donc puisqu'il feint d'éprouver des sentiments qu'il n'éprouve pas en réalité. Il doit, pour inspirer confiance à son lecteur, être de la plus grande sincérité possible.

713 « Il n'y a pas d'œuvre d'art sans collaboration du démon. »

A. Gide,
Dostoïevski, Conférence, 1923.

Supériorité de l'art sur la vie

714 « Il y a dans l'art beaucoup de beautés qui ne deviennent naturelles qu'à force d'art. »

J. Joubert,
Pensées, XX, 11, 1838.

715 « Si j'étais du métier, je naturaliserais l'art, autant comme ils artialisent la nature. »

Montaigne,
Essais, III, 1580.

716 « À toute histoire, il faut un commencement et une fin. Or la nature ne donne ni agencement ni fin. »

Champfleury, *Le Réalisme*,
« De la réalité dans l'art », 1857.

717 « L'effort de la grande littérature semble être de créer des univers clos ou des types achevés. »

A. Camus,
L'Homme révolté, 1951.

718 La vie : « Elle n'est qu'un mouvement qui court après sa forme sans la trouver jamais. »

A. Camus, *Id*.

Dans l'œuvre d'art, le parcours du personnage, comme son caractère, est cohérent : il suit une logique interne, il s'apparente à un destin. La vie, elle, désoriente souvent par son absence de forme.

719 « L'art est un anti-destin. »

A. Malraux,
Les Voix du silence, 1951.

L'homme qui se met à faire une œuvre d'art est un créateur : il produit un monde, cohérent et conforme à ses désirs. Il conteste en quelque sorte le sort qui lui a été imparti pour proposer son idée de la vie, pour choisir, à travers le destin des personnages qu'il imagine par exemple, son propre destin. L'art est donc une façon de se mettre au-dessus de son destin, d'être plus fort que lui, de le nier.

720 « Il vaut mieux rêver sa vie que la vivre. »

M. Proust,
Les Plaisirs et les jours, 1892.

721 « Mon métier et mon art, c'est vivre. »

Montaigne,
Essais, II, 6, 1580.

Vivre est la plus grande des œuvres d'art. Aucune autre œuvre n'est à sa hauteur.

722 « En présence de la mort d'un petit enfant, l'Art et la poésie ressemblent vraiment à de très grandes misères. »

L. Bloy,
La Femme pauvre, 1897.

723 « Quelle vanité que la peinture qui attire l'admiration par la ressemblance des choses, dont on n'admire pas les originaux. »

Pascal, *Pensées*, 1670.

724 « Tous les livres [...] sont un peu inutiles, car aucun livre, jamais, ne sera fort comme la vie. »

J. d'Ormesson,
La Gloire de l'empire, 1971.

725 « La vérité suprême de la vie est dans l'art. »

M. Proust,
À la recherche du temps perdu, 1927.

726 « La Vie imite l'Art beaucoup plus que l'Art n'imite la Vie. »

O. Wilde, *Intentions*, 1891.

727 « Il n'est pas de grande expédition, en art, qui ne s'entreprenne au péril de la vie. »

A. Breton, *Prolégomènes à un troisième Manifeste du surréalisme ou non*, 1955.

L'artiste met en péril sa vie car il ne la ménage pas : il est en cela semblable à certains aventuriers, partis à la recherche de la Toison d'or, du Graal, ou de l'arche perdue, qui mettent tout en œuvre pour trouver le secret ou le trésor qui transformera absolument leur vie, et qui n'hésitent pas pour cela à se mettre physiquement en danger. L'écrivain, lui, se met moralement en péril : il peut aller jusqu'au désespoir, jusqu'au silence définitif...

4. Le cinéma et la littérature

728 « Il est clair pour moi que le cinéaste doit rêver de nouveau le rêve du romancier. »

G. Bernanos,
Correspondance, 1971.

729 L'adaptation d'une œuvre littéraire au cinéma doit être : « non point un film comparable au roman ou digne de lui, mais un être esthétique nouveau qui est comme le roman multiplié par le cinéma. »

A. Bazin, « Défense de l'adaptation »,
in *Qu'est-ce que le cinéma ?*, 1958.

En adaptant un roman pour le cinéma ou le théâtre, l'artiste crée une œuvre nouvelle plus riche encore que son modèle.

730 « La bonne adaptation doit parvenir à restituer l'essentiel de la lettre et de l'esprit. »

A. Bazin, *Id.*

L'adaptation se doit d'être fidèle à la lettre, c'est-à-dire à la forme de l'œuvre d'origine (elle respectera par exemple la construction, le nombre de personnages), et à l'esprit de celle-là, au « fond » (elle respectera les idées transmises par l'auteur).

II. Écrivain, lecteur, personnage

1. L'écrivain

Fonction de l'écrivain

731 « Jamais peut-être faire chanter les choses n'a été plus urgente
Et noble mission à l'homme. »

L. Aragon,
Le Crève-cœur, 1940.

L'écrivain doit d'autant plus faire chanter les choses que tout va plus mal autour de lui, que la situation politique, sociale, économique est plus catastrophique.

732 « Les romanciers dessinent la carte de l'existence en découvrant telle ou telle possibilité humaine. »

M. Kundera,
L'Art du roman, 1986.

L'écrivain qui invente une histoire ne s'en tient pas à la copie de la réalité qu'il connaît : il peint des situations et des personnages fictifs qui pourtant pourraient exister et qui donc élargissent l'existence.

733 « La pensée vole et les mots vont à pied. Voilà tout le drame de l'écrivain. »

J. Green,
Journal, 1975-77.

L'écrivain a beaucoup de choses à dire, sa pensée va vite mais il a de la peine à mettre en forme cette pensée. Les mots ne suivent pas la pensée.

734 « C'est un métier que de faire un livre, comme de faire une pendule. »

La Bruyère, *Caractères*,
« Des ouvrages de l'esprit », 1688.

Le métier d'écrivain demande un aussi grand savoir-faire, une aussi grande connaissance technique, une aussi grande précision que le métier d'horloger par exemple.

735 « Écrire est un métier [...] qui s'apprend en écrivant. »

S. de Beauvoir,
La Force de l'âge, 1960.

736 « Il semble, pour un écrivain, que chaque page qu'il écrit doive être pour lui une nouvelle leçon dans l'art d'écrire. »

P. Léautaud,
Propos d'un jour, 1917.

L'écrivain n'en finit jamais d'apprendre à écrire.

737 « Les grands écrivains n'ont jamais été faits pour subir la loi des grammairiens, mais pour imposer la leur et non pas seulement leur volonté, mais leur caprice. »

P. Claudel, *Positions et Propositions sur le vers français*, 1928-34.

Les grands écrivains sont au-dessus des lois des grammairiens. Ils font avec la langue dont ils usent tout ce qu'ils veulent.

738 « Je n'écris bien que si j'écris à la diable. Si je veux m'appliquer, je ne fais rien de bon. »

P. Léautaud,
Passe-temps, 1917.

739 « Faire une œuvre d'art, créer des personnages d'un roman, c'est se sentir dans sa multiplicité profonde. »

A. Thibaudet,
Réflexions sur le roman, 1938.

L'écrivain qui écrit un roman est capable de se prendre pour chacun des personnages qu'il crée. Le meilleur exemple est Flaubert qui peut dire : « Madame Bovary, c'est moi. » Un être humain est, au fond de lui-même, multiple. En créant de multiples personnages, il exalte les différentes possibilités de lui-même.

740 « L'écrivain a choisi de dévoiler le monde à l'homme et aux autres hommes. »

J.-P. Sartre,
Situations, 1947.

La tâche de l'écrivain est, pour Sartre, pédagogique : il doit montrer aux hommes ce qu'est le monde.

741 « Il s'agit de savoir de quoi l'on veut parler : des papillons ou de la condition des Juifs. »

J.-P. Sartre, *Id.*

L'écrivain qui choisit de parler des papillons ne s'engage pas dans son œuvre. Il ne fait pas une œuvre utile pour les autres hommes. L'écrivain qui choisit de parler de la condition des Juifs fait une œuvre engagée qui remet en question les idées reçues, propose des réponses qui tâchent de faire évoluer la situation de ce qu'il défend.

742 « J'apprends tous les jours à écrire. »

Buffon,
Discours sur le style, 1753.

743 « Le romancier n'est le porte-parole de personne, pas même de ses propres idées. »

M. Kundera,
L'Art du roman, 1986.

Pour Milan Kundera, le romancier ne doit pas revendiquer dans son œuvre telle ou telle idée. Il doit se contenter de créer un monde fictif, sans chercher à défendre ses positions propres.

744 « Si vous me demandez ce que je viens faire en ce monde, moi artiste, je vous répondrai : je viens vivre tout haut. »

E. Zola,
Le Roman expérimental, 1880.

Zola est le père du roman naturaliste. Le roman naturaliste est fondé sur l'étude scientifique de la psychologie et des tempéraments, il est un roman d'observation et d'expérimentation qui remplace les romans de pure imagination. Zola affirme pourtant qu'à travers son œuvre, aussi impersonnelle soit-elle, l'auteur se livre. Il livre en effet ses rêves, ses visions, ses sentiments, ses pensées. Il vit « tout haut » : tout le monde peut l'entendre.

745 « C'est toujours nous que nous montrons dans le corps d'un roi, d'un assassin, d'un voleur ou d'un honnête homme. »

Maupassant,
Préface de *Pierre et Jean*, 1887.

746 « Je parle éternellement de moi. »

Chateaubriand,
Itinéraire de Paris à Jérusalem, 1811.

Contrairement à l'artiste classique, l'artiste romantique ne parle que de lui, de ses états d'âme, de ses douleurs.

747 « Pour parler de soi, il faut parler de tout le reste. »

S. de Beauvoir,
Les Mandarins, 1954.

748 « Tu prendras en pitié l'usage de se chanter soi-même. »

G. Flaubert,
Correspondance, février 1842.

749 « Je dis je en sachant que ce n'est pas moi. »

S. Beckett,
L'Innommable, 1952.

L'artiste dit « je » mais ne parle pas de lui : il parle, à travers lui, des autres hommes, ou de lui-même tel qu'il se rêve.

750 « Le moi est haïssable. »

Pascal,
Pensées, 1670.

La doctrine classique estime que l'écrivain ne doit pas parler de lui.

751 « Inspirer aux hommes l'amour de la vertu, l'horreur du vice. »

Diderot,
La Poésie dramatique, 1758.

L'écrivain a un rôle moralisateur.

752 « Les vrais grands écrivains sont ceux dont la pensée occupe tous les recoins de leur style. »

V. Hugo, *Tas de pierres*,
in *Œuvres complètes*, 1880-88.

Pensée et style, fond et forme sont indissociables. Le grand écrivain est celui qui ne parle jamais pour ne rien dire.

753 « Quelle doit être l'intention du romancier ? C'est d'exprimer, dans une fable intéressante, une vérité utile. »

V. Hugo,
Littérature et Philosophie mêlées, 1834.

754 Le romancier doit : « Faire concurrence à la réalité qui lui est imposée, celle de la vie, tantôt en semblant s'y soumettre, et tantôt en la transformant pour rivaliser avec elle. »

A. Malraux, in *Malraux par lui-même*,
de Gaétan Picon, 1974.

L'artiste est un créateur : il crée une réalité différente de celle que tout le monde connaît. Le monde ainsi produit doit être aussi crédible que le véritable. Pour cela, l'artiste fait de temps en temps quelques concessions à la réalité : il la transcrit sans la déformer, il semble s'y soumettre. D'autres fois, il n'hésite pas à la modifier.

755 « De cet art [l'art du romancier] si vanté et si honni, nous devons dire que s'il atteignait son objet qui est la complexité d'une vie humaine, il serait incomparablement ce qui existe de plus divin au monde. »

F. Mauriac,
Le Romancier et ses personnages, 1933.

L'art du romancier est à la fois vanté et honni. Il est vanté car on admire habituellement un homme qui est capable de créer par l'écriture un monde à part entière, et il est honni car le roman est le domaine du mensonge. L'écrivain tente d'exprimer toute la richesse et toute la complexité d'une vie d'homme dans son roman : s'il y parvient un jour, aussi parfaitement qu'il peut l'espérer, il sera comparable à Dieu qui a créé les hommes et qui a décidé de la complexité de leur vie ; son art sera divin.

756 « En toute œuvre d'art la pensée sort de l'œuvre et jamais une œuvre ne sort d'une pensée. »

Alain,
La Visite au musicien, 1958.

757 « L'art d'écrire précède la pensée. »

Alain,
Propos de littérature, 1933.

758 « On parle à partir de ce qu'on écrit et pas le contraire. »

L. Aragon, *Je n'ai jamais appris à écrire ou Les Incipits*, 1969.

La pensée ne précède pas l'écriture. L'écriture est un flot qui emporte l'écrivain. Celui-ci rassemble, après elle, ses pensées et les compose, les ordonne.

759 « Avant donc que d'écrire, apprenez à penser. »

Boileau,
L'Art poétique, 1674.

Boileau soutient que la pensée précède l'écriture. L'écriture n'est qu'une mise en forme d'une pensée déjà construite et élaborée.

760 « Pour écrire, il faut déjà écrire. »

M. Blanchot,
L'Espace littéraire, 1955.

L'écriture engendre l'écriture. Plus on écrit, plus on est capable d'écrire.

761 « Ce qui fait les hommes de génie [...], ce ne sont point les idées neuves, c'est cette idée qui les possède que ce qui a été dit ne l'a pas encore été assez. »

E. Delacroix,
Journal, 1824.

762 « Il y a deux choses que l'expérience doit apprendre : la première, c'est qu'il faut beaucoup corriger ; la seconde, c'est qu'il ne faut pas trop corriger. »

E. Delacroix,
Journal, 1860.

763 « En composant La Chartreuse, pour prendre le ton je lisais chaque matin deux ou trois pages du Code civil, afin d'être toujours naturel. »

Stendhal, *Correspondance*,
« À Honoré de Balzac », 1840.

Stendhal désire écrire comme le Code civil : il désire avoir le style le plus impersonnel possible.

Solitude de l'écrivain

764 « Et qu'on m'entende
sans savoir que c'est moi
qui parle. »

E. Guillevic,
Inclus, 1973.

Le poète Eugène Guillevic revendique l'anonymat pour l'écrivain. Il ne tient pas à ce que soit dévoilée son identité, encore moins sa biographie.

765 « L'artiste doit s'arranger de façon à faire croire à la postérité qu'il n'a pas vécu. »

G. Flaubert,
Correspondance, 1842.

Tout doit se passer pour l'artiste comme s'il ne vivait pas. Le meilleur de lui-même passe dans son œuvre, sa vie peut bien être médiocre.

766 « Toute production importante est l'enfant de solitude. »

Goethe,
Mémoires, III, 15, 1814.

767 « Le poète n'apporte pas le salut, mais garde intacte une détresse qui est celle de son temps et non de son existence privée. »

M. Haar,
Magazine littéraire, novembre 1986.

Le poète ne parle pas de lui-même ni de ses propres souffrances. Il parle de la souffrance de son temps, de celle de tous.

768 « Le poète est semblable au prince des nuées [...].
Ses ailes de géant l'empêchent de marcher. »

Baudelaire, « L'Albatros »,
Les Fleurs du mal, 1857.

Le poète vit difficilement dans la société des hommes. Il est tellement différent d'eux qu'il ne peut s'adapter à leur mode médiocre de vie.

769 « La solitude de la poésie [...] nous enlève à notre désolante solitude. »

A. Béguin,
Poésie de la présence, 1957.

L'homme qui vit en poésie, qui crée de la poésie, est seul mais sa solitude est transcendée : elle n'est pas désolante ou pleine d'angoisse comme celle de l'homme privé de poésie.

770 « La vie d'un poète est celle de tous. »

G. de Nerval,
Petits châteaux de bohème, 1853.

Un poète parle au nom de tous. Sa vie doit donc être celle de tout le monde, ressembler à celle de tout le monde. Elle est universelle.

L'artiste devant ses émotions

771 « Être romanesque n'est pas être romancier, aimer la contemplation n'est pas être poète. »

A. Malraux,
Les Voix du silence, 1951.

L'artiste n'est pas celui qui transcrit ses émotions telles qu'il les éprouve. Il doit les mettre en forme : c'est là tout son travail.

772 « Il va de soi que si un grand artiste de l'émotion est nécessairement sensible, l'homme le plus sensible n'est pas nécessairement un artiste. »

A. Malraux, *Id.*

773 « L'art seul est ce qui peut porter les productions littéraires à leur perfection. »

J. Chapelain,
Opuscules critiques, 1630.

Chapelain considère ici que l'art (l'art est entendu au sens d'une doctrine sévère formée de règles, d'une technique) donne à l'œuvre toute son ampleur. L'art (technique) s'oppose au génie qui, lui, jaillit d'une impulsion spontanée.

774 « Un rêveur est toujours un mauvais poète. »

J. Cocteau,
Le Rappel à l'ordre, 1926.

775 « On dit qu'on pleure mais on ne pleure pas quand on s'occupe à rendre son vers harmonieux ou alors on cesse de composer, la plume tombe des mains. »

Diderot,
La Poésie dramatique, 1758.

L'artiste qui est au travail ne ressent pas d'émotion : il est trop occupé à mettre en forme cette émotion qu'il a pu connaître auparavant.

776 « Les yeux d'un écrivain, pour être clairs, doivent être secs. »

G. Darien,
in *L'En-dehors*, 1893.

Un écrivain doit avoir les yeux clairs, c'est-à-dire qu'il doit être lucide. Il doit être capable de prendre du recul par rapport à son œuvre. Avant de prendre la plume, il doit avoir dominé ses émotions, ses yeux doivent être secs.

777 « Moins on sent une chose, plus on est apte à l'exprimer comme elle est. »

G. Flaubert,
Correspondance, 1852.

L'écrivain devant son œuvre

778 « L'écrivain ne lit jamais son œuvre. »

M. Blanchot,
L'Espace littéraire, 1955.

L'écrivain n'a rien à apprendre de l'œuvre qu'il a achevée. Il doit le plus vite possible en commencer une autre.

779 « Une œuvre vivante est celle qui surprend tout d'abord son propre auteur, qui lui échappe. »

E. Ionesco,
Notes et contre-notes, 1962.

780 « Pour l'artiste scrupuleux, l'œuvre réalisée quelle que puisse en être la valeur n'est jamais que la scorie de son rêve. »

J.-M. de Heredia,
Les Lettres et les Arts, 1894.

L'artiste n'est jamais satisfait de son œuvre achevée. Il rêvait d'une œuvre supérieure à celle qu'il a composée.

781 « Comment nous attarder à des œuvres auxquelles visiblement l'auteur n'a pas été contraint ? »

G. Bataille,
Le Bleu du ciel, 1957.

Les seuls livres intéressants, qui méritent d'être lus et relus, sont les livres auxquels l'auteur a été contraint. Un auteur contraint est un auteur poussé à prendre la plume par un mouvement qui vient du plus profond de son être, auquel il n'aurait pas pu se soustraire même s'il l'avait voulu, un auteur qui probablement souffre beaucoup pour exprimer ce qu'il doit exprimer. Mais un sentiment plus fort que cette soufrance le pousse à parler et à dire les choses qui lui sont inspirées ou auxquelles il a longuement réfléchi.

2. Le lecteur

782 « Quand on se sent proche d'une œuvre d'art, c'est qu'on y retrouve quelque chose qu'on aurait aimé y mettre. »

J.-M. G. Le Clézio,
Entretien avec J.-L. Godard, *L'Express*, 1966.

783 « Un livre a toujours été pour moi un ami, un consolateur éloquent et calme. »

G. Sand, *Correspondance Flaubert-Sand*,
éd. posthume, 1981.

Un livre nous entraîne dans des univers éloignés du nôtre : il console nos chagrins car il nous les fait oublier. Le livre consolateur est éloquent car il possède le don – inhérent à sa nature – de bien parler et il est calme car on peut trouver ce consolateur chez soi, il ne fait pas de bruit, il est reposant.

784 « N'ayant jamais eu de chagrin qu'une heure de lecture n'ait dissipé. »

Montesquieu,
Mes Pensées, 1899.

785 « J'aime la lecture en général. Celle où il se trouve quelque chose qui peut façonner l'esprit et fortifier l'âme est celle que j'aime le plus. »

La Rochefoucauld,
Maximes, 1665.

786 « Les pages que nous avons lues tant de fois ne nous ont pas encore dit tout ce qu'elles ont à nous dire. »

G. Picon,
L'Écrivain et son ombre, 1953.

Ce que peut découvrir le lecteur dans l'œuvre est infini : nous pouvons lire plusieurs fois un livre et y découvrir toujours quelque chose de nouveau. G. Picon donne peut-être ici la définition du chef-d'œuvre : l'œuvre que nous pouvons lire et relire sans cesse sans lassitude.

787 « Sans la consolation de la lecture, nous mourrions d'ennui présentement. »

Mme de Sévigné,
Lettre du mercredi 30 septembre 1661.

788 « La vraie lecture commence quand on ne lit plus seulement pour se distraire et se fuir, mais pour se trouver. »

J. Guéhenno,
Carnet d'un vieil écrivain, 1971.

La lecture qui est distraction (qui sauve de l'ennui) et fuite (qui fait oublier les chagrins) peut certes être considérée comme un loisir – au même titre que le sport, le voyage. Mais l'acte de lire est un acte plus profond : nous y cherchons des réponses à nos interrogations, nous nous y cherchons nous-mêmes. Nous retrouvons par exemple dans l'œuvre tel sentiment que nous connaissons sans pouvoir l'exprimer, telle idée déjà rencontrée, mais approfondie.

789 « L'œuvre que nous aimons [...] est comme un être aimé dont nous serions toujours assuré que nous ne le perdrons pas. »

G. Picon,
L'Écrivain et son ombre, 1953.

L'attachement à une œuvre, à un livre est comparable à l'attachement à un être humain. La différence est que dans le cas d'un attachement à une œuvre, l'objet aimé ne nous fera pas défaut : il ne nous quittera pas, ne mourra pas.

790 « Lire, c'est élire, c'est à dire choisir. »

G. Duhamel,
Défense des Lettres, 1937.

G. Duhamel a recours à l'étymologie des mots lire, élire (*eligo*, en latin = « je choisis ») pour exprimer que l'acte de lire est un acte volontaire, conscient : il est un choix que nous faisons. Il est un choix car nous sélectionnons les œuvres que nous voulons lire et ne lisons pas (en règle générale) tout ce qui se présente indifféremment ; il est un choix car nous devons, pour lire, attendre ou provoquer un moment favorable et nous extraire pendant quelques heures du monde et de nos occupations quotidiennes. La lecture nous demande donc un effort, elle peut s'opposer en cela à la télévision que nous regardons sans discernement (tout simplement parce qu'elle reste allumée) et qui ne nous demande aucun effort.

791 « Une fois publié, un texte est comme un appareil dont chacun peut se servir à sa guise. »

P. Valéry,
« Au sujet du Cimetière marin », *Variété III*, 1936.

L'œuvre publiée appartient à ses lecteurs qui, selon leur niveau de culture et leur sensibilité, en retiennent des choses différentes, et en font un usage différent.

792 « Une œuvre dure en tant qu'elle est capable de paraître tout autre que son auteur l'avait faite. »

P. Valéry, *Littérature*, 1929.

Une œuvre est vivante tant que ses lecteurs l'interprètent à leur façon, tant qu'elle n'est pas figée dans une seule signification.

793 « La lecture de tous bons livres est comme une conversation avec les plus honnêtes gens des siècles passés qui en ont été les auteurs. »

Descartes,
Discours de la méthode, 1637.

794 « Je demande à un livre de créer en moi le besoin de ce qu'il m'apporte. »

J. Rostand,
Carnet d'un biologiste, 1967.

C'est le livre qui éveille la curiosité. C'est lui qui pose les questions et donne le désir – ou le besoin – de les voir résolues. C'est ainsi que nous lisons avec passion un bon livre : il a créé en nous un besoin qui n'existait pas avant lui ; il nous est devenu nécessaire.

795 « Le livre d'un grand homme est un compromis entre le lecteur et lui. »

E. Delacroix, Lettre à Balzac,
Correspondance, éd. posthume, 1936-38.

N'importe quel artiste intelligent et ayant un message à communiquer peut faire un livre empreint de son génie et de ses idées originales, qui sont souvent hermétiques. Le véritable grand homme fait des concessions à son lecteur, au niveau duquel il n'hésite pas à se mettre. En effet, un grand homme écrit avant tout pour les autres, et non pour lui seul.

796 « On n'écrit pas librement tant qu'on pense à ceux qui vous liront, on n'écrit pas bien tant qu'on ne pense pas à eux. »

J. Grenier,
Nouveau Lexique, 1969.

Quand un écrivain pense à ses lecteurs, il ne peut pas écrire tout ce qu'il voudrait car il connaît certains d'entre eux : il pourrait par exemple heurter leur susceptibilité, il pourrait leur donner une image accablante de lui, qui le poursuivrait après l'œuvre, et dont il ne veut pas. Mais si l'écrivain ne pense pas à ses prochains lecteurs, il n'écrit pas bien car l'art n'est pas une affaire de solitude : c'est tout de même pour les autres qu'il écrit.

797 « Il vous vient quelques fois un dégoût d'écrire en songeant à la quantité d'ânes par lesquels on risque d'être lu. »

P. Léautaud,
Passe-Temps, 1917.

Paul Léautaud, en bon misanthrope, retourne ici le lieu commun habituel qui est de dire qu'un écrivain écrit pour être lu par ses semblables. Ses semblables sont des ânes, ils n'encouragent donc pas l'écrivain à écrire pour eux.

798 « Tout livre a pour collaborateur son lecteur. »

M. Barrès,
Stanislas de Guaita, 1898.

Le lecteur aide le livre à se faire. En effet, il le lit à sa façon, en retire les sentiments qui lui ressemblent, les idées qu'il veut, auxquelles l'artiste n'avait peut-être pas songé.

799 « Dans tout vers remarquable d'un vrai poète, il y a deux ou trois fois plus que ce qui est dit : c'est au lecteur à suppléer le reste, selon ses idées, sa force, ses goûts ».

A. de Musset,
Le Poète déchu, 1839.

800 « Un livre n'est jamais un chef-d'œuvre. Il le devient. »

J. et E. de Goncourt,
Journal, 1951-96.

Un livre devient un chef-d'œuvre selon la façon dont il est reçu, dont il est lu.

801 « Un livre vous déplaît : qui vous force à le lire ? »

Boileau,
Le Lutrin, 1683.

802 « À force d'aimer un livre, on finit par se dire qu'il vous aime. »

N. Védrès,
Paris VIe, 1965.

Le lecteur peut penser, d'un livre en lequel il se retrouve, qu'il a été écrit pour lui.

803 « Un livre n'est pas écrit une fois pour toutes : quand il est vraiment un grand livre, l'histoire des hommes y vient ajouter sa passion propre. »

L. Aragon,
Littératures soviétiques, 1955.

Le lecteur participe à l'ouvrage : fort de son expérience et de ses aventures personnelles, chacun trouve dans un livre des choses différentes. C'est le propre d'un grand livre que de pouvoir ainsi, sans dommage, subir plusieurs lectures.

804 « Lire est une forme de paresse dans la mesure où on laisse le livre penser à la place du lecteur. Le lecteur lit et se figure qu'il pense. »

J. Green,
Journal, 1928-72.

805 « Hypocrite lecteur, mon semblable, mon frère. »

Baudelaire, « Au lecteur »,
Les Fleurs du mal, 1857.

806 « C'est une grande force, en vérité, que d'être hors du temps : de vivre dans les idées, dans le contact avec des auteurs de pays divers et de temps lointains. »

J. de Romilly,
L'Enseignement en détresse, 1984.

Les auteurs des temps lointains, des pays étrangers sont très différents de nous. Ils nous touchent pourtant : c'est donc qu'ils nous ressemblent malgré tout.

807 « Il n'est pas bon que tout le monde lise les pages qui vont suivre : quelques-uns seuls savoureront ce fruit amer sans danger. »

Lautréamont,
Les Chants de Maldoror, 1869.

La littérature peut être dangereuse, les mots ont un pouvoir réel sur les hommes : il faut être préparé à certaines lectures comme à certaines expériences qui peuvent bouleverser la vie et mettre en péril l'existence. Les adolescents sont peut-être les plus fragiles : ils sont très réceptifs par exemple à l'exposé de théories désespérées sur le monde, dangereuses car elles viennent confirmer et justifier des intuitions personnelles qu'ils peuvent, à l'exemple de certains héros, être poussés à l'errance, au désespoir, et même au suicide...

808 « J'appelle un livre manqué celui qui laisse intact le lecteur. »

A. Gide,
Cahiers d'André Walter, Préface, 1892.

809 « Ce vice impuni, la lecture. »

A. Gide,
Journal, 1889-1939.

810 « Le livre n'est pas. La lecture le crée, à travers des mots créés, comme le monde est lecture recommencée du monde par l'homme. »

E. Jabès,
Le Livre des questions, 1963-73.

Le monde n'existe pas en lui-même. Il n'existe que par ce que des hommes, en vivant, le créent au fur et à mesure, et différemment selon leurs points de vue et leurs caractères. En effet, que serait-il s'il était vide de toute présence humaine ? Il n'existe que parce que les hommes le vivent, le jugent, l'interprète. Le livre est comparable au monde : le créateur a fait une fois son travail d'élaboration mais sans le regard des lecteurs, le livre n'est rien, il peut bien disparaître. En revanche, à chaque nouvelle lecture, il prend vie nouvelle.

811 « Peut-être n'ouvre-t-on un livre que pour enfin commencer à entendre. »

C. Bobin,
Le Très-bas, 1993.

3. Le personnage

812 Les personnages sont : « Des êtres vivants, plus vivants que ceux qui respirent et qui ont des habits sur le dos : moins réels, mais plus vrais. »

L. Pirandello,
Six Personnages en quête d'auteur, 1921.

Pirandello affirme le paradoxe suivant : les personnages sont plus vrais et plus vivants que les êtres vivants. Ils sont vrais car leur auteur les dote par exemple de traits de caractères vrais et cohérents et d'une vie qui suit son cours jusqu'au but qu'elle s'est assignée ; ils sont vivants car ils profitent de leur vie et de ses nombreuses possibilités mieux que certains êtres vivants eux-mêmes. En effet, les êtres vivants « qui respirent » peuvent être médiocres, mener une vie sombre et triste, ne mériter qu'à peine le nom d'êtres vivants. Un personnage n'est jamais médiocre de cette façon-là car il tient la vie du désir puissant de son auteur : il ne peut pas s'en défendre. Il peut bien sûr être lâche ou triste et sombre (pensons à Bardamu du *Voyage au bout de la nuit*, aux héros de Beckett) mais il est pourtant un « héros », un homme que nous suivons à la trace, et qui, dans le pire des cas, devient un symbole de lâcheté, de vie ratée. Il est alors un « antihéros ». Néanmoins, le personnage est moins réel que l'être vivant puisqu'il ne « respire pas », n'appartient pas à la réalité.

813 « Le personnage est un ego expérimental. »

M. Kundera,
L'Art du roman, 1986.

L'auteur, à travers son personnage, expérimente un aspect de son ego (de son « moi », de ce qu'il est), aspect qu'il n'a pas l'habitude de mettre en valeur dans sa vie, qu'il n'a pas l'opportunité ou l'envie de développer dans sa vie.

814 « Madame Bovary, c'est moi. »

Phrase qu'aurait dite Flaubert
à Amélie Bosquet.

Flaubert faisait un véritable travail pour aller à la rencontre de ses personnages. Ainsi, il osa prendre un peu d'arsenic avant de parler d'Emma Bovary se suicidant à l'arsenic.

815 « Un personnage n'est jamais le romancier qui l'a créé. Il y a des chances cependant pour que le romancier soit tous ses personnages à la fois. »

A. Camus,
L'Homme révolté, 1951.

Le romancier est tous ses personnages à la fois : pour créer un roi, il doit « se mettre dans la peau » d'un roi, imaginer ses réactions de roi devant tel ou tel événement ; pour créer une vieille femme, il doit devenir une vieille femme et agir comme elle le ferait. Mais le contraire n'est pas vrai : le personnage n'est pas son auteur. Il est plus que lui, il lui échappe, il acquiert dans l'œuvre une véritable autonomie.

816 Il faut « par un effort de l'esprit se transporter dans les personnages et non pas les attirer à soi. »

G. Flaubert,
Correspondance, éd. posthume, 1926-33.

817 « Il ne faut jamais tuer ses personnages. On ne sait pas ce qui peut arriver. »

E. Bourdet,
Vient de paraître, 1927.

818 « Pour se venger de l'écrivain qui leur a donné la vie, les héros qu'il a créés lui cachent son porte-plume. »

M. Jacob,
Le Cornet à dés, 1917.

À travers cette boutade poétique, Max Jacob suggère que les personnages sont vraiment en vie (ils cachent le porte-plume de l'écrivain) et qu'ils ont acquis, par rapport à leur créateur, une indépendance indéniable : ce n'est sûrement pas leur auteur qui les pousse à cacher son porte-plume, c'est-à-dire à l'empêcher de continuer son œuvre. Max Jacob imagine une œuvre qui s'arrêterait en cours de création car les personnages refusent qu'on leur donne la vie.

819 « Un personnage de roman, pour être réussi, doit donner une impression d'absolue indépendance à l'égard de son créateur. »

P.-H. Simon, « Nos héros sont-ils libres ? »,
in *Nouvelles littéraires*, 1954.

820 « Ma pauvre Bovary souffre et meurt dans vingt villages de France. »

G. Flaubert, *Correspondance*,
éd. posthume, 1926-33.

S'il est vrai qu'un personnage est un individu vivant et unique, il peut aussi représenter un type de personnage universel. Il y a vingt, cinquante, cent Emma Bovary, il y a une quantité de femmes souffrant de la même manière qu'Emma Bovary.

821 « Il s'agit de laisser à nos héros l'illogisme, l'indétermination, la complexité des êtres vivants. »

F. Mauriac, *Le Romancier*
et ses personnages, 1933.

Les êtres vivants n'ont pas toujours des comportements logiques car ils sont mûs par leurs passions, par les événements imprévus de leur vie. Les êtres vivants ne savent souvent pas comment agir dans telle ou telle situation : ce sont ces imperfections que le romancier doit donner à ses héros pour qu'ils semblent vrais et vivants.

822 « L'autonomie des personnages, le vocabulaire particulier donné à chacun sont de puissants moyens d'action romanesque. »

A. Malraux, in *A. Malraux par lui-même*,
de G. Picon, 1974.

Parmi les techniques romanesques fréquemment employées par les romanciers, André Malraux cite l'autonomie que le romancier feint de donner à ses personnages, la façon particulière de parler qu'adopte chaque personnage.

823 « Je crois que pour un grand nombre de romanciers et de tragiques, le personnage est suscité par le drame et non le drame par le personnage. »

A. Malraux, *Id*.

Le drame crée le personnage. Le personnage n'arrive pas en scène avec un caractère tel qu'il suscite certaines actions et certains événements. Les événements, le drame, l'action, précèdent le personnage, qui s'y adapte et qui y fait face.

824 « Je tiens que la substance royale des grands romans, [...] c'est la vie ordinaire ; que les vrais héros en sont des êtres ordinaires. »

Ch. Plisnier, *Romans, papiers d'un romancier*, 1954.

825 « Les gens ne s'intéressent pas aux héros heureux. »

J. Lacarrière, *L'Été grec*, 1974.

Ce qui émeut le lecteur, ce n'est pas la réussite ou le bonheur des personnages. Le lecteur s'intéresse aux héros qui sont à la recherche de leur bonheur et qui traversent douleurs, échecs, obstacles, aux héros qui peuvent leur inspirer de la pitié. Le lecteur s'intéresse aussi aux héros qui le surprennent, l'étonnent, le terrifient. En effet, le bonheur est bien monotone et ennuyeux.

826 « Un saint déjà saint au début d'un roman ou d'une pièce de théâtre cesserait de nous intéresser. »

P.-A Touchard, *L'Amateur de théâtre ou La Règle du jeu*, 1952.

Ce qui nous intéresse, c'est le chemin que suit un personnage, ses quêtes, ses doutes, ses trébuchements. Un personnage qui est parvenu à la sainteté dès le début du roman ne nous intéresse pas. Il n'a plus rien à chercher.

827 « Si les personnages du roman ou du théâtre ont des faiblesses et des passions, c'est qu'autrement ils cesseraient de nous apparaître vraisemblables [...]. La vraisemblance est la condition de la sympathie. »

P.-A. Touchard, *Id.*

Pour que nous nous attachions à des personnages de roman, il faut qu'ils nous ressemblent, qu'ils aient des faiblesses, qu'ils ne soient pas parfaits.

828 « Où serait le mérite si les héros n'avaient jamais peur ? »

A. Daudet, *Tartarin de Tarascon*, 1872.

Le héros n'est pas un surhomme, il a les mêmes faiblesses que les hommes. S'il a peur, il tente de surmonter sa peur.

829 « Notre vie est un livre qui s'écrit tout seul. Nous sommes des personnages de roman qui ne comprennent pas toujours bien ce que veut l'auteur. »

J. Gracq,
Lettrines, 1967-1974.

L'auteur d'un roman sait bien où il veut amener ses personnages. Dans la vie, les personnages que nous sommes peuvent bien douter des desseins de leur auteur : la vie paraît souvent bien absurde.

II. Genres

1. Le roman

830 « Dieu n'est pas un bon romancier car il ne laisse pas ses créatures libres et le roman doit être d'abord le spectacle de la liberté. »

P.-H. Simon, « Nos héros sont-ils libres ? »,
in *Les Nouvelles littéraires*, 1954.

Un bon romancier, selon P.-H. Simon, doit donner à ses personnages leur liberté, leur autonomie. Dieu, auteur du monde réel, n'en use pas ainsi avec ses créatures : il leur assigne une destinée qu'elles ne peuvent pas modifier.

831 « Admiration et pitié, telle est la devise du roman. »

G. Duhamel,
Défense des Lettres, 1937.

Le lecteur doit éprouver de l'admiration ou de la pitié pour le personnage. Pitié pour le personnage malheureux qui se bat pour sortir du malheur, admiration pour celui qui y parvient. Le héros heureux et sans histoire n'intéresse pas le lecteur de roman.

832 « Un roman, c'est un miroir que l'on promène le long d'un chemin. »

Stendhal,
Le Rouge et le Noir, 1830.

Stendhal définit ici le roman réaliste : le roman raconte et reflète un morceau de vie, tout comme un miroir que l'on laisserait aller le long d'un chemin pourrait le faire. Le verbe promener indique que l'auteur ne fait pas de choix : il saisit les morceaux de réalité qui se présentent.

833 Le roman : « Il fait de la vie un destin. »

R. Barthes,
Le Degré zéro de l'écriture, 1953.

834 Le roman : « Un tout, un monde clos et unifié. »

A. Camus, *L'Homme révolté*, 1951.

Le roman est un monde clos car l'auteur qui l'a écrit l'a mené à son terme, lui a donné un commencement, un déroulement, une fin. Il ne se contente pas d'être une ébauche de monde : il est un monde entier, cohérent et possédant sa logique interne.

835 « Un roman est l'histoire des jours où une vérité se fait jour. »

Cl. Roy,
Descriptions critiques, 1965.

Le roman raconte une histoire, se déroulant sur plusieurs jours, au bout de laquelle une morale sera exposée, une vérité dévoilée.

836 « Qu'est-ce donc que le roman sinon cet univers [...] où toute vie prend le visage du destin ? »

A. Malraux,
Les Voix du silence, 1951.

Dans le roman, la vie de chaque personnage prend le visage du destin car elle se dirige vers une fin qui est irrémédiable et définie. L'auteur fixe une fois pour toujours ses personnages dans une situation qu'il ne peut pas modifier.

837 « Le roman seul a le don et le droit de rebrasser l'expérience d'un être pour en découvrir le sens profond. »

R. Ikor,
Mise au net, 1957.

L'écrivain de roman a le loisir d'analyser l'existence d'une personne qu'il a connue, de revenir sur tel ou tel moment qui ne semblait pas posséder de sens particulier lors de l'expérience mais que la suite des événements a justifié, et que l'étude des causes et des conséquences, dans le roman, éclaire.

838 « Le peuple n'aime ni le vrai ni le simple. Il aime le roman et le charlatan. »

J. et E. de Goncourt, *Journal*, 1851-96.

Le roman est l'art du charlatan, du menteur par excellence. Le peuple, crédule, et dont le bon goût est douteux, apprécie cette forme populaire et méprisable d'art.

839 « Le roman est une méditation sur l'existence vue à travers des personnages imaginaires. »

M. Kundera,
L'Art du roman, 1986.

Flaubert se sert, par exemple, de Mme Bovary pour méditer sur l'ennui et l'insatisfaction.

840 « Soucieuse de se former sur le vrai, elle méprisait les froides et dangereuses fictions. »

Bossuet,
Oraison funèbre de Madame, 1670.

Bossuet fait allusion à une lectrice qui évitait soigneusement les romans : ceux-ci sont des fictions, ils sont donc des mensonges qui peuvent corrompre les mœurs, exalter des passions malhonnêtes.

841 Au XVIe siècle, au XVIIe siècle : « Le roman est un genre faux, voué par nature à la fadeur et à la sensiblerie, fait pour corrompre à la fois le cœur et l'esprit. »

M. Robert, *Roman des origines et origine du roman*, 1972.

Jusqu'au XIXe siècle, le roman est un genre fortement déprécié : il met en scène des histoires d'amour adultère par exemple (il corrompt le cœur), il s'intéresse à des détails et construit des histoires à partir de mensonges (il corrompt l'esprit).

842 « Le roman est un genre faux parce qu'il décrit les passions pour elles-mêmes : la conclusion morale est absente. »

Lautréamont, *Poésies*, 1891.

Le romancier raconte une histoire. Son rôle n'est pas de juger ses personnages ni de proposer une morale ni d'amener ses lecteurs à l'amour de la vertu. Le romancier n'est pas en effet détenteur d'une vérité qu'il veut communiquer. Il raconte simplement une fiction et c'est pour cette raison que le roman est considéré comme un genre faux.

843 « On nous reproche violemment d'être immoraux, parce que nous mettons en scène des coquins et des gens honnêtes sans les juger, pas plus les uns que les autres. »

É. Zola,
Le Roman expérimental, 1880.

844 « Le roman n'est plus l'écriture d'une aventure mais l'aventure d'une écriture. »

J. Ricardou, *Pour une théorie du Nouveau Roman*, 1971.

De nos jours le roman ne raconte plus une aventure (il n'est plus l'écriture d'une aventure), il ne se contente plus de raconter l'histoire d'un personnage, mais il s'intéresse à son aventure propre, aux conditions de sa naissance. L'auteur, se servant de personnages prétextes, raconte « l'aventure de son écriture », l'histoire du roman qu'il est en train d'écrire. Par exemple, le roman *Le Bavard*, de Louis René des Forêts, nous raconte l'histoire d'un jeune homme qui, puni pour avoir trop parlé, fuit toute société et finit par trouver un monastère d'où s'élèvent des voix harmonieuses d'enfants qui chantent en chœur. L'écrivain est semblable à ce jeune homme : son roman est bavardage et il cherche la mélodie pure qui le réconciliera avec l'art de la parole.

845 « Quelque chose comme un livre moral ou immoral n'existe pas. Les livres sont bien écrits ou mal écrits. C'est tout. »

O. Wilde, *Le Portrait de Dorian Gray*, Préface, 1891.

846 « Il faut des spectacles dans les grandes villes et des romans aux peuples corrompus. »

J.-J. Rousseau, *La Nouvelle Héloïse*, 1761.

847 « Mon livre a pu faire du bien. Je ne m'en afflige pas. Il a pu faire du mal. Je ne m'en réjouis pas. »

Baudelaire, projet de Préface pour les *Fleurs du mal*, 1857.

848 « L'amour doit être le principal sujet d'un roman. »

P.-D. Huet, *Traité de l'origine des romans*, 1670.

Le roman, à ses origines, était réservé aux récits frivoles et tendres, aux histoires d'amour : *L'Astrée*, d'Honoré d'Urfé, roman fort célèbre du XVIIe siècle, raconte l'histoire d'un jeune homme séparé de sa bien-aimée, et souffrant de sa solitude. Un autre roman du XVIIe siècle, *Le Grand Cyrus*, de Mlle de Scudéry, raconte l'histoire de Cyrus qui conquiert l'Asie entière pour retrouver sa bien-aimée.

849 « Le roman est de l'histoire qui aurait pu être. »

J. et E. de Goncourt,
Journal, 1851-96.

Le roman est le récit d'histoires inventées et fausses mais qui auraient pu avoir lieu : il est le récit des possibilités humaines. L'histoire raconte ce qui s'est passé, le roman ce qui aurait pu se passer.

850 « Quand il n'est pas songe, et comme tel, parfaitement établi dans sa vérité, le roman est mensonge. »

J. Gracq,
Lettrines, 1967-74.

Le roman qui tente de reproduire la réalité et d'exprimer le vrai ment car il triche toujours. Le roman qui ne ment pas est celui qui se donne ouvertement pour menteur, qui affirme qu'il fait le récit d'un songe, d'un rêve, qui avoue être une histoire inventée.

851 « Une œuvre sincère est celle qui est douée d'assez de force pour donner de la réalité à une illusion. »

M. Jacob,
Art poétique, 1922.

2. La poésie

Fonction de la poésie

852 « La plupart des hommes ont de la poésie une idée si vague que ce vague même de leur idée est pour eux la définition de la poésie. »

P. Valéry,
Littérature, 1929.

853 « La poésie est l'ambition d'un discours qui soit chargé de plus de sens, et mêlé de plus de musique, que le langage ordinaire n'en porte et n'en peut porter. »

P. Valéry,
Variété, 1924-44.

854 « La poésie est à la vie ce qu'est le feu au bois. Elle en émane et le transforme. »

P. Reverdy,
Le Livre de mon bord, 1948.

855 « Un poète doit laisser les traces de son passage, non des preuves. Seules les traces font rêver. »

R. Char,
Les Matinaux, 1950.

La vie d'un poète ne doit pas être trop connue. Les poèmes qu'il laisse sont des traces de son passage sur la terre mais tout devrait se passer comme si l'on pouvait croire qu'il n'avait pas vécu.

856 « La poésie est quelque chose de plus philosophique et de plus grande importance que l'histoire. »

Aristote,
Poétique, IVe siècle avant J.-C.

857 « Le poète est un diseur de mots [...]. Le diseur de mots est celui qui, dans l'extrême veille, harponne un équivalent du rêve. »

P.-J. Jouve,
En miroir, 1954.

Le diseur de mots, le poète, est celui qui rêve tout éveillé ; celui qui produit, en état de veille, un monde tout aussi étrange que le monde des rêves - mais tout aussi révélateur des vérités profondes enfouies dans l'inconscient de l'homme éveillé.

858 « Et toutes les âmes intérieures des poètes sont amies et s'appellent les unes les autres. »

M. Proust, *Contre Sainte-Beuve*,
édition posthume, 1954.

859 « Toute poésie vraie est inséparable de la révolution. »

M. Leiris,
Brisées, 1966.

La poésie est une forme d'art qui bouleverse les pensées toutes faites, qui révolutionne les façons de penser ou qui, tout au moins, provoque le langage.

860 « La rime est une esclave et ne doit qu'obéir. »

Boileau,
Art poétique, 1674.

861 « Que tout poème composé autrement qu'en vue d'obéir au vieux génie du vers n'en n'est pas un. »

Mallarmé, *Crayonné au théâtre*,
in *Œuvres complètes*, éd. posthume, 1945.

Le véritable poème est celui qui est composé dans le but d'obéir aux règles de la versification, aux rythmes du poème traditionnel que tout le monde connaît et attend.

862 « Le poète doit être un professeur d'espérance. »

J. Giono,
L'Eau vive, 1943.

863 « La poésie veut quelque chose d'énorme, de barbare et de sauvage. »

Diderot,
De la poésie dramatique, 1758.

Diderot réagit contre la tendance du XVIIIe siècle à ne considérer la poésie que comme l'ornement de la pensée. La poésie est une émotion violente qui surgit d'âmes tourmentées et se repaît de démesure.

864 « Le don de révéler par la parole ce qu'on ressent au fond du cœur est très rare ; il y a pourtant de la poésie dans tous les êtres capables d'affections vives et profondes. »

Mme de Staël,
De l'Allemagne, 1813.

865 « On a coutume de représenter la poésie comme une dame voilée, langoureuse, étendue sur un nuage. Cette dame a une voix musicale et ne dit que des mensonges. »

J. Cocteau,
Le Secret professionnel, 1922.

866 « Le rôle de la poésie : elle dévoile, dans toute la force du terme. »

J. Cocteau, *Id.*

La poésie nous fait découvrir brutalement les choses que nous ne voyions plus à force de trop les voir. La poésie éclaire tel ou tel objet d'une nouvelle lumière, et cela tout simplement parce qu'elle en parle autrement. Elle nous dévoile donc ces objets.

867 « C'est à la fois par la poésie et à travers la poésie que l'âme entrevoit les splendeurs situées derrière le tombeau. »

Baudelaire,
L'Art romantique, 1868.

Hors du réel, hors de la vie, c'est-à-dire après la mort (« derrière le tombeau »), est un autre monde, un monde supérieur qui donnera du bonheur aux hommes. C'est ce monde-là que la poésie, laissant l'homme s'évader hors du réel, permet d'apercevoir, dont elle lui procure le pressentiment.

868 « Le poète en des jours impies
Vient préparer des jours meilleurs,
Il est l'homme des utopies,
Les pieds ici, les yeux ailleurs. »

V. Hugo,
Les Rayons et les Ombres, Préface, 1840.

Le poète est celui qui agit sur terre (il a « les pieds ici »). Il fait en sorte que ses rêves soient réalisés (il a « les yeux ailleurs », fixés sur les utopies qu'il veut rendre réelles).

869 « Et j'ai vu quelquefois ce que l'homme a cru voir. »

A. Rimbaud,
Le Bateau ivre, 1871.

Le poète est un voyant. Il voit ce qui demeure invisible aux yeux des autres hommes : il voit Dieu, l'éternité, les cieux.

870 « Tout homme bien portant peut se passer de manger pendant deux jours, – de poésie, jamais. »

Baudelaire,
Conseils aux jeunes littérateurs, 1868.

871 « La poésie est ce qu'il y a de plus réel, c'est ce qui n'est complètement vrai que dans un autre monde. »

Baudelaire,
Appendice à L'Art romantique, 1868.

872 « La poésie, notre poésie, se lit comme le journal. Le journal du monde qui va venir. »

L. Aragon,
Chronique du Bel Canto, 1947.

La poésie s'adresse aux hommes préoccupés par l'état du monde. À la différence d'un journal, elle ne raconte pas les événements présents, mais elle prévoit ce qui va venir.

873 Le poète : « On pourra m'ôter cette vie mais on n'éteindra pas mon chant. »

L. Aragon,
Les Yeux d'Elsa, 1942.

874 « O Poète, je ne dirai pas que tu reçois de la nature aucune leçon,
C'est toi qui lui imposes ton ordre. »

P. Claudel,
Cinq Grandes Odes, Première ode, 1910.

Le poète est un créateur semblable ou du moins comparable à Dieu : il impose son ordre à la nature et il la modèle à sa guise. Enfin, comme Dieu, il nomme les choses pour qu'elles soient.

875 « Sache que je parle aujourd'hui
Pour annoncer au monde entier
Qu'enfin est né l'art de prédire. »

Apollinaire, « Les Collines »,
Calligrammes, 1918.

Le poète est un devin.

876 « La poésie commence lorsqu'un idiot dit de la mer : on dirait de l'huile. »

C. Paevese, *Le Métier de vivre*, 1952.

La poésie est liée au plaisir d'avoir découvert une ressemblance entre deux objets, de rassembler ces deux objets, faisant de l'un l'image de l'autre, les mettant en rapport.

877 « Je dis qu'il faut être voyant [...]. Le poète se fait voyant par un long, immense et raisonné dérèglement de tous les sens. »

A. Rimbaud, *Une saison en enfer*, 1873.

Le poète sera voyant (inspiré, prophète...) s'il mène une vie en marge de toute morale, s'il sollicite tous ses sens et vit des expériences dangereuses. Le poète connaîtra toutes les formes d'amour, de souffrance, de folie.

878 « Le poète se souvient de l'avenir. »

J. Cocteau, *Journal d'un inconnu*, 1953.

Cette formule paradoxale de Cocteau (« se souvenir » s'utilise normalement pour le passé) sous-entend que le poète sait tout des destinées humaines. Il connaît même le futur, il est un voyant car tout se passe comme s'il avait déjà vécu une vie humaine : « l'avenir » des hommes est un passé pour lui.

879 « La poésie, c'est ce qu'il y a de plus intime dans tout. »

V. Hugo,
première Préface des *Odes*, 1823.

880 « Poésie, O danger des mots à la dérive. »

L. Aragon,
En français dans le texte, 1943.

La poésie est dangereuse : elle laisse aller en liberté les mots : ils ne sont pas surveillés, ils peuvent s'assembler de telle sorte qu'ils exprimeront des idées dangereuses.

881 « Faire de la poésie une idole et du poète le prêtre infaillible d'une religion hermétique. »

P. Emmanuel,
L'Homme et le poète.

La poésie est divine et le poète, comme un prêtre consacré à une divinité, la sert de tout son dévouement et de tout son zèle.

882 « Faire une perle d'une larme. »

A. de Musset,
Impromptu, 1839.

Par l'intermédiaire de l'art, les peines sont transformées : elles deviennent belles puisqu'elles sont décrites, mises en rimes et en rythme. Elles deviennent des perles.

883 « Est poète celui auquel la difficulté inhérente à son art donne des idées. Et ne l'est pas celui auquel elle les retire. »

P. Valéry, *Variété*, 1924-44.

Le poète est soumis à de multiples contraintes lorsqu'il écrit : il doit respecter le rythme, le nombre régulier de syllabes dans chaque vers, les rimes. Ces contraintes peuvent stimuler son imagination qui se développe alors dans un cadre étroit. Le poète est celui qui respecte ces difficultés et s'en accommode si bien qu'elles l'aident à créer. Valéry appelle ces contraintes les « gênes exquises ».

884 « Éterniser peut être le rêve d'un instant. »

A. de Musset,
Impromptu, 1839.

885 « La poésie est au langage utilitaire de la prose ce que la danse est à la marche, une activité gratuite. »

P. Valéry,
Variété, 1924-44.

La poésie et la prose s'opposent de la même façon que s'opposent la danse et la marche. La marche est utilitaire : elle sert à se déplacer. La danse, elle, ne cherche que la beauté : elle est une activité gratuite. La prose, comme la marche, sert à énoncer quelque chose, sert à traiter des affaires, sert à raconter une histoire. La poésie ne sert à rien : elle fait de la beauté pure, elle orne la vie.

886 « Tout art s'apprend par art, la seule poésie est un pur don céleste. »

Du Bartas,
L'Uranie, 1583.

La poésie est un don des dieux, elle ne s'apprend pas. Les autres arts nécessitent une technique. Du Bartas joue sur le mot « art » qui signifie aussi « habileté », « savoir-faire ».

887 « La parole écrite est employée à deux fins : ou bien nous voulons produire dans l'esprit du lecteur un état de connaissance ou bien un état de joie [...]. Dans le premier cas, il y a la prose et dans le second, il y a la poésie. »

P. Claudel, *Positions et Propositions sur le vers français*, 1928-34.

La prose, langage utilitaire, produit chez le lecteur un état de connaissance : le lecteur apprend quelque chose, une information lui est donnée. La poésie, elle, produit un état de joie : le lecteur se laisse emporter par les mesures, les mètres réguliers, par les assonances, et il ressent de la joie.

888 « La composition poétique résulte de deux phénomènes intellectuels, la méditation et l'inspiration. La méditation est une faculté, l'inspiration est un don. »

V. Hugo, *Littérature et Philosophie mêlées*, 1834.

Deux mouvements régissent la création poétique : l'inspiration, mouvement spontané, don des dieux, et la méditation ; faculté que le travail et la volonté approfondissent.

889 « Souvenons-nous du proverbe ancien : on naît poète, on devient prosateur. »

A. de Musset,
Le Poète déchu, 1839.

Musset part du principe que c'est l'inspiration qui donne naissance à la poésie, et l'inspiration est un don, elle est innée, elle ne dépend pas des facultés ou du travail de l'homme : on naît donc poète. En revanche, la prose demande un véritable travail, on devient prosateur, on apprend à le devenir.

890 « La poésie, avouerait Monsieur de la Palisse lui-même, est l'œuvre d'une certaine 'faculté poétique' qui a des rapports plus directs avec l'imagination et la sensibilité qu'avec la raison. »

P. Claudel, *Positions et Propositions sur le vers français*, 1928-34.

La poésie est affaire d'imagination, la prose affaire de raison.

891 « La poésie n'a de rôle à jouer qu'au-delà de la philosophie. »

A. Breton,
Les Pas perdus, 1924.

La poésie vient remplacer la philosophie lorsque celle-ci s'épuise et échoue à proposer des réponses. La poésie est donc une métaphysique : elle sait exprimer l'au-delà lorsque les explications rationnelles et raisonnables viennent à manquer.

892 « De la musique avant toute chose. »

P. Verlaine,
Art poétique, 1882.

La poésie doit être avant tout recherche musicale. Avant d'exprimer des idées ou des sentiments, le poète doit se préoccuper du rythme, des mesures, des assonances, des allitérations.

893 « Un mérite de la poésie dont bien des gens ne se doutent pas, c'est qu'elle dit plus que la prose, et en moins de paroles que la prose. »

Voltaire, *Mélanges de philosophie*,
« Des poètes »,in *Œuvres de Voltaire*, 1789.

894 « On pourrait s'étonner que les pensées profondes se trouvent dans les écrits des poètes plutôt que des philosophes. La raison en est que les poètes écrivent par les moyens de l'enthousiasme et de la force de l'imagination. »

Descartes,
Cogitationes privatae, 1619-22.

La poésie expose plus d'idées profondes que la philosophie. La raison en est que la philosophie ne se sert que de la raison, froide et sévère, alors que la poésie se sert de l'imagination et de l'enthousiasme, de l'inspiration divine : ces derniers moyens vont plus loin que le premier, simplement humain.

895 « Le poète a pour première loi [...] le rythme et la mesure. »

A. de Musset,
Le Poète déchu, 1839.

896 « La poésie est un miroir brouillé de notre société, et chaque poète souffle sur ce miroir : son haleine différemment l'embue. »

L. Aragon,
Chronique du Bel Canto, 1947.

La poésie n'est pas coupée du monde : elle reflète la société. Mais chaque poète voit et connaît une société différente et crée donc une poésie différente.

897 « Il faut que le son et le sens ne se puissent séparer et se répondent indéfiniment dans la mémoire. »

P. Valéry,
Variété, 1924-44.

Le fond ne doit pas pouvoir être distingué de la forme : les sons doivent exprimer le sens. Si l'on veut par exemple exprimer une idée de rapidité et de douceur à la fois, on pourra avoir recours à des vers courts, aux allitérations en V et F, aux assonances nasales AN/UN :

« Ni vu ni connu
Je suis le parfum
Vivant et défunt
Dans le vent venu. » (Valéry, « Le Sylphe »)

898 « Ce qui enchante toute la terre, c'est l'harmonie charmante qui naît de cette mesure difficile. »

Voltaire, *Mélange de philosophie*, « Des poètes », in *Œuvres de Voltaire*, 1789.

La poésie est tenue par des règles précises : le nombre de syllabes, les rimes régulières, qui peuvent être plates, croisées ou embrassées. C'est de cette régularité, de cette mesure difficile que naît l'harmonie, la musique.

899 « Fille de la douleur, Harmonie, Harmonie. »

A. de Musset, *Lucie*, 1835.

La poésie est Harmonie : elle est musicale. Elle est fille de la douleur car elle est souvent expression d'une douleur dont le poète cherche à se consoler. Musset a écrit d'ailleurs dans la *Nuit de mai* :

> « Les chants désespérés sont les chants les plus beaux
> Et j'en sais d'immortels qui sont de purs sanglots. »

900 « La poésie cesse à l'idée. Toute idée la tue. »

J. Cocteau, *La Difficulté d'être*, 1947.

Le rôle de la poésie n'est pas de délivrer un message. Elle ne doit pas véhiculer des idées. La prose est faite pour les idées, la poésie pour la musique et la beauté seules.

901 « Poésie, O trésor, perle de la pensée. »

A. de Vigny, *La Maison du berger*, 1844.

Ici, la poésie est considérée comme appartenant au domaine de la pensée et non plus de l'imagination et de la sensibilité.

902 « L'image poétique fait voir le monde quotidien, mais comme mystérieux. »

M. Haar, *Magazine littéraire*, novembre 1986.

903 « Je dis que si le poète a poursuivi un but moral, il a diminué sa force poétique. »

Baudelaire, *L'Art romantique*, 1868.

904 « Je n'estime la poésie qu'autant qu'elle est l'ornement de la raison. »

Voltaire, *Mélange de philosophie*,
« Des poètes », in *Œuvres de Voltaire*, 1789.

Le XVIIIe siècle tout entier a méprisé la poésie car elle n'était pas suffisamment raisonnable. Elle était donnée par les dieux, elle n'avait pas pour but d'exposer des idées, elle était inutile. Voltaire la reconnaît mais seulement si elle est assujettie à la raison.

905 « Un grand poète est obligé d'avoir des idées justes, de conduire sagement tous ses ouvrages, de former des plans réguliers et de les exécuter avec rigueur. »

Vauvenargues,
Sur la Pensée et l'Éloquence, 1746.

906 « La poésie ne peut pas sous peine de mort ou de déchéance s'assimiler à la science ou à la morale. »

Baudelaire,
L'Art romantique, 1868.

907 « Je sais bien que les grands poètes pourraient employer leur esprit à quelque chose de plus utile que la poésie. »

Vauvenargues,
Sur la Pensée et l'Éloquence, 1746.

908 « La poésie sera de la raison chantée, voilà sa destinée. »

Lamartine,
Des destinées de la poésie, 1834.

909 « Non plus un jeu de l'esprit, un caprice mélodieux de la pensée légère et superficielle mais l'écho profond, réel, sincère, des plus hautes conceptions de l'intelligence. »

Lamartine, *Id.*

Pour Lamartine, la poésie a une importance considérable : elle n'est pas un jeu de l'esprit qui assemblerait brillamment les mots, les sons et les rimes, elle n'est pas une musique légère et divertissante, elle exprime les pensées les plus profondes que l'intelligence puisse former.

Les mots

910 « Un mot
C'est plein de mains
Qui cherchent à toucher. »

E. Guillevic,
Terre à bonheur, 1952.

Dans ce poème, Eugène Guillevic personnifie le mot pour nous faire comprendre à quel point celui-ci est sensuel. Le mot a des mains qui veulent toucher, il a aussi peut-être des oreilles qui veulent entendre, des yeux qui veulent voir.

911 « Il faut [...] se fier aux mots. Ils en savent plus que nous sur les choses. Ils en savent plus sur nous que nous. »

Cl. Roy,
Descriptions critiques, 1965.

Les mots sont vivants, autonomes. Si on les laisse suffisamment libres, ils s'arrangeront pour s'assembler en phrases et exprimer des choses dont l'homme n'est pas conscient.

912 « Il y a des moments où je me demande si je ne suis pas en train de jouer avec les mots. Et si les mots étaient faits pour ça ? »

B. Vian, *Les Bâtisseurs d'Empire*, 1959.

913 « Le poète dispose des mots tout autrement que ne fait l'usage et le besoin. »

P. Valéry, *Variété*, 1924-44.

La poésie se distingue du langage utilitaire de la prose et du langage de tous les jours.

914 « Poésie, ô danger des mots à la dérive. »

L. Aragon, *En français dans le texte*, 1943.

915 « Les mots font l'amour. »

A. Breton, *Les Pas perdus*, 1924.

Breton insiste sur la sensualité que possèdent les mots lorsqu'ils jouent à s'assembler entre eux.

916 « Donner un sens plus pur aux mots de la tribu. »

Mallarmé,
Le Tombeau d'Edgar Poe, 1877.

Les mots de la tribu sont les mots utilisés par le commun des mortels : le rôle du poète est de changer le sens de ces mots qui ont perdu, par la force de l'habitude et par l'usage, leur valeur d'origine. Le poète devra retrouver cette valeur, ou l'inventer.

917 « Les mots que j'emploie
Ce sont les mots de tous les jours et ce ne sont point les mêmes. »

P. Claudel, *Cinq Grandes Odes*, 1910.

Le poète utilise les mots de tous les jours dans son poème mais il les revitalise : il les assemble d'une façon qui n'est pas ordinaire ou attendue, il leur rend leur sens d'origine, étymologique.

918 « On ne se méfie jamais assez des mots. »

L.-F. Céline,
Voyage au bout de la nuit, 1932.

Les mots sont puissants, ils peuvent produire de belles œuvres mais aussi des mensonges dangereux dont il faut se méfier.

919 « C'est une des plus incompréhensibles disgrâces de l'homme qu'il doive confier ce qu'il a de plus précieux à quelque chose d'aussi instable, d'aussi plastique, hélas ! que le mot. »

G. Bernanos,
Journal d'un curé de campagne, 1936.

Ce que l'homme a de plus précieux sont ses pensées ou ses sentiments. Il ne peut les exprimer autrement que par les mots, qui, hélas, sont toujours insatisfaisants, qui ne dévoilent que la surface des choses et ne descendent jamais vers les profondeurs de l'être humain.

920 « C'est le poème en moi qui écrit mon poème.
Le mot par le mot engendré.
Il est mon occupant [...]. »

A. Bosquet, *Un jour après la vie*, 1984.

Le poème s'écrit tout seul. Le mot appelle le mot suivant sans que le poète fournisse le moindre travail. Il faut dire qu'il est inspiré, il est occupé par le poème qui s'impose à lui.

921 « Les mots sont nos esclaves. »

R. Desnos,
Corps et Biens, 1930.

922 « Le vers qui de plusieurs vocables refait un mot total, neuf, étranger à la langue et comme incantatoire. »

Mallarmé, *Avant-dire au Traité du verbe de René Ghil*, 1886.

Pour Mallarmé, le vers (fait de plusieurs mots) doit posséder une unité telle qu'il produise la même impression dans l'esprit que celle produite par un seul mot : il est un mot total. Il doit être neuf et étranger à la langue : il doit n'avoir jamais été prononcé. Il est incantatoire, magique : on pourrait presque le chanter pour faire apparaître les choses qu'il évoque.

923 « Au commencement était le Verbe [...] et le Verbe était Dieu. »

Saint Jean, I, 1,
Ier siècle après J.-C.

924 « Oui, vous tous, comprenez que les mots sont des choses. »

V. Hugo, « Réponse à un acte d'accusation »,
Les Contemplations, 1856.

Le mot est une chose : il a une existence à part entière. Il est la chose même qu'il signifie. C'est ainsi qu'il peut avoir un pouvoir magique : il suffit de le dire pour faire apparaître l'objet (puisqu'il est l'objet).

925 « Car le mot, qu'on le sache, est un être vivant. »

V. Hugo, « Suite »,
Les Contemplations, 1856.

926 « Car le mot c'est le Verbe et le Verbe c'est Dieu. »

V. Hugo, *Id*.

En latin, *verbum* signifie « parole ». On dit que Dieu est le Verbe (« Le Verbe s'est fait chair »). Dieu est la Parole et le Christ est la chair. La faculté de la parole chez l'homme est donc une faculté divine. Le mot possède un pouvoir divin.

927 « Un mot et tout est sauvé
Un mot et tout est perdu. »

A. Breton,
Le Revolver à cheveux blancs, 1932.

Les mots sont extrêmement importants : ils peuvent sauver ou perdre quelqu'un. Dans la tragédie classique, cela est particulièrement vrai : Phèdre se perd car elle avoue qu'elle est amoureuse d'Hippolyte (un mot la perd) et Hippolyte pourrait se sauver s'il avouait à son père les avances que lui a faites sa belle-mère Phèdre (un mot pourrait le sauver).

928 « Dans un poème, si l'on demande pourquoi tel mot est à tel endroit et s'il y a une réponse, ou bien le poème n'est pas de premier ordre, ou bien le lecteur n'a rien compris. »

S. Weil,
Attente de Dieu, 1950.

Il n'y a rien à expliquer dans un poème. Un poème ne peut pas être décomposé et analysé. On peut simplement le recevoir et recevoir l'émotion qu'il communique.

929 « Le mot a la capacité de mettre les choses au monde. Cette capacité, le langage instrumentalisé l'oublie. »

M. Haar,
Magazine littéraire, novembre 1986.

Langage instrumentalisé et langage poétique s'opposent. Le premier sert dans les conversations courantes où le sens des mots se perd. La poésie au contraire fait naître les choses qu'elle évoque car elle sait retrouver le pouvoir magique des mots.

3. Le théâtre

Rôle du théâtre

930 « Le théâtre ne montre pas l'affrontement des personnages réels ou imaginaires mais des forces plus puissantes que les hommes. »

D. Mesguich,
interview, *Lire*, février 1993.

931 « Cet ensemble plein d'ombre et de secrets qu'est un théâtre où l'on joue. »

A. Salacrou,
Théâtre, 1941.

932 « Le but principal de toute représentation scénique est d'émouvoir l'âme du spectateur par la force et l'évidence avec laquelle les diverses passions sont exprimées sur le théâtre. »

J. Chapelain,
Opuscules critiques, 1630.

933 « Il faut croire à un sens de la vie renouvelé par le théâtre. »

A. Artaud,
Le Théâtre et son double, 1938.

Le théâtre a une action sur la vie : il est capable de lui donner un sens. Il n'est pas un jeu clos sur lui-même et gratuit. Le théâtre en effet, tant en Orient qu'en Occident, est né de la religion : il est représentation du sacré, du divin. Mais le sacré a peut-être aujourd'hui changé de forme. Le théâtre renouvelle le sens de la vie en représentant le « nouveau » sacré, en s'adaptant aux formes nouvelles qu'a prises le sacré.

934 « Le théâtre est le premier sérum que l'homme ait inventé pour se protéger de la maladie de l'angoisse. »

J.-L. Barrault,
Nouvelles réflexions sur le théâtre, 1959.

935 Le théâtre : « Traduire la vie sous son aspect universel, immense. »

A. Artaud,
Le Théâtre et son double, 1938.

Ce ne sont pas des vies particulières que le théâtre représente. Ce ne sont pas les individus qui l'intéressent. Le théâtre cherche ce qu'il y a derrière les individus et leur psychologie, ce qui fait qu'ils sont des êtres humains. Il cherche leur caractère commun et universel.

936 « Le théâtre est le seul endroit au monde où un geste fait ne se recommence pas deux fois. »

A. Artaud, *Id.*

Le spectacle a beau être joué trente fois, soixante fois, cent fois, les comédiens ne répètent jamais le même geste, ne disent jamais la même chose de la même façon. Chaque geste, chaque parole sont inventés chaque soir comme pour la première fois. Si cela n'est pas le cas, le spectacle n'est qu'un spectacle mort. Le théâtre ne partage même pas cet avantage avec la vie : dans la vie, nous faisons éternellement, et avec ennui, trop souvent les mêmes gestes. Le théâtre est plus vivant que la vie elle-même.

937 « Seul ce qui est insoutenable est profondément tragique, profondément comique, essentiellement théâtre. »

E. Ionesco,
Notes et contre-notes, 1962.

Le théâtre ne se fait pas avec des sentiments communs. Il cherche l'insoutenable, ce que l'on ne pourrait pas supporter dans la vie car cela est trop grave (dans ce cas, nous avons affaire au théâtre tragique) et ce que nous ne pourrions pas supporter car cela est trop drôle (dans ce cas, nous avons affaire au théâtre comique). Il est insoutenable de découvrir que son destin fut de tuer son père et d'épouser sa mère, comme le découvre Oedipe, personnage tragique par excellence. Il est aussi insoutenable de s'apercevoir que l'on devient un rhinocéros comme les personnages de la pièce de Ionesco, personnages plongés dans une situation insoutenablement comique.

938 « Il s'agit donc de faire une société, après quoi nous ferons peut-être du bon théâtre. »

J. Vilar, *De la tradition théâtrale*, 1963.

939 « Le théâtre n'est pas le langage des idées. »

E. Ionesco,
Notes et contre-notes, 1962.

Le théâtre ne doit pas être engagé, prendre position, délivrer des messages.

940 « Le théâtre doit faire de la pensée le pain de la foule. »

V. Hugo,
Les Burgraves, Préface, 1843.

Le théâtre doit mettre à la portée de la foule, du peuple, les idées et les pensées qui sinon ne les atteindraient pas.

941 « Le théâtre, c'est d'être réel dans l'irréel. »

J. Giraudoux, *Littérature*, 1941.

Si un personnage de théâtre est triste et pleure, le comédien qui l'interprète pleure réellement mais les raisons pour lesquelles il pleure sont irréelles puisqu'aucun malheur, ce soir-là, ne l'a atteint réellement.

942 « Que tout soit vrai sur la scène. Si on doit entendre une porte claquer, que la porte claque vraiment. »

A. Antoine,
Causerie sur la mise en scène, 1903.

André Antoine, fondateur du *Théâtre-Libre* (1887) est le père de la mise en scène et des metteurs en scène modernes. Il est le défenseur du naturalisme sur la scène.

943 « Rien de plus futile, de plus faux, de plus vain, rien de plus nécessaire que le théâtre. »

L. Jouvet, *Le Comédien désincarné*, 1954.

Le théâtre est futile, inutile et faux : il ne sert à rien, il ment puisqu'il présente comme vraies des actions fausses et des fictions, puisqu'il n'est qu'illusion. Néanmoins il n'y a rien de plus nécessaire que le théâtre : il rassemble les hommes, il purge leurs passions.

944 « Un objet qui soit comme un vrai objet et qui soit faux, c'est le véritable vrai, c'est la vérité du théâtre. »

L. Jouvet,
Témoignages sur le théâtre, 1952.

945 « Il y a dans l'art beaucoup de beautés qui ne deviennent naturelles qu'à force d'art. »

J. Joubert,
Pensées, XX, 11, 1838.

Le naturel du théâtre par exemple est un naturel extrêmement travaillé : il n'est pas livré par les artistes tel qu'il se trouve dans la réalité. Il paraîtrait alors, paradoxalement, tout à fait faux.

946 « Un livre dans notre main, s'il énonce quelque idée auguste, supplée à tous les théâtres. »

Mallarmé, *Crayonné au théâtre*,
in *Œuvres complètes*, éd. posthume, 1945.

Mallarmé insiste sur la supériorité du livre sur le théâtre. Le livre est « dans notre main » : nous le tenons, nous pouvons revenir autant de fois que nécessaire sur les idées qu'il énonce. Le théâtre est fugace. Il est en outre moins apte à énoncer des idées que le livre. D'autre part, les personnages n'ont pas besoin d'être incarnés par des acteurs. Ils valent surtout par les mots qu'ils prononcent. La mise en espace n'amène rien de plus à la pièce. Nous pouvons opposer cette opinion sur le théâtre à l'opinion d'Antonin Artaud qui écrit dans *Le Théâtre et son double* : « Je dis que la scène est un lieu physique et concret qui demande qu'on lui fasse parler son langage concret. »

947 « Qu'en un lieu, en un jour, un seul fait accompli
Tienne jusqu'à la fin le théâtre rempli. »

Boileau,
Art poétique, 1674.

Boileau exprime dans son *Art poétique* la règle des trois unités qui régit toute composition dramatique classique : une pièce doit se dérouler en un seul jour, en un seul lieu et n'être l'accomplissement que d'une seule action.

948 « Chez nos dévots aïeux le théâtre abhorré
Fut longtemps de la France un plaisir ignoré. »

Boileau, *Id.*

Les « dévots aïeux » de Boileau détestent et ignorent le théâtre. En effet, l'Église et ses défenseurs condamnent le théâtre qui est l'art du mensonge et exalte les passions coupables.

Le comédien, le public, l'auteur

949 « Le spectateur préfère un corps convaincu à une passion vraie. »

R. Barthes, *Sur Racine*, 1963.

Le comédien ne doit pas ressentir une véritable passion mais il doit corporellement agir comme s'il était possédé de cette passion. Le théâtre est le lieu des actions concrètes et physiques, le corps y est très important.

950 « C'est le manque absolu de sensibilité qui prépare les acteurs sublimes. »

Diderot, *Le Paradoxe du Comédien*, 1778.

Diderot affirme le paradoxe suivant : il ne faut pas être malheureux pour jouer le malheur, ni être heureux pour jouer le bonheur. Le comédien insensible est capable de prendre du recul par rapport à son rôle, est capable de l'analyser et de le mener où il veut, alors que l'acteur sensible en proie à ses émotions se laissera mener et dépasser par elles.

951 « Soyez faux, faux, faux, c'est le seul moyen d'être vrais. »

E. G. Craig, *De l'art du théâtre*, 1943.

E. G. Craig veut dire par là que la vérité du théâtre n'est pas celle de la vie. Les comédiens ne paraîtront vrais que s'ils adaptent leur façon de parler, s'ils transforment leur voix et leurs gestes pour les rendre plus significatifs que des sentiments interprétés, pour les rendre tout simplement audibles et visibles de 200, 300, 400 spectateurs. Autrement dit, ils ne paraîtront vrais que s'ils sont faux. Ce que nous nommons le naturel au théâtre n'est absolument pas naturel : c'est un naturel préparé, calculé, répété. L'acteur qui semble dire naturellement telle ou telle réplique l'a répétée des centaines de fois et il est certain qu'il ne la dit pas telle qu'il la prononcerait dans la vie. Le naturel du théâtre est un naturel arrangé, stylisé.

952 « Qu'est-ce donc que le vrai de la scène ? C'est la conformité des actions, des discours, de la figure, de la voix, du mouvement, du geste, avec un modèle idéal imaginé par le poète et souvent exagéré par le comédien. »

Diderot, *Le Paradoxe du Comédien*, 1778.

953 « Le comédien n'est pas le personnage. Il le joue si bien que vous le prenez pour tel : l'illusion n'est que pour vous, il sait bien, lui, qu'il ne l'est pas. »

Diderot, *Id.*

Le comédien de talent ne se prend pas pour le personnage : il se détache, au contraire, de tout ce qui pourrait le lui rendre proche.

954 « Les larmes de l'homme sensible montent de son cœur, celles du comédien de génie descendent du cerveau. »

Diderot, *Id.*

Diderot oppose l'homme sensible et le comédien : ce dernier, en effet, ne doit pas être trop sensible. S'il pleure, ses larmes sont des larmes étudiées, que la réflexion lui inspire, et non l'émotion.

955 « Il faut plus de vertu à l'acteur furieux pour ne pas accomplir réellement un crime qu'il ne faut de courage à l'assassin pour parvenir à réaliser le sien. »

A. Artaud, *Lettre à André Roland*, avril 1933.

Contrairement à Diderot qui affirme que le comédien reste toujours maître de lui et ne se laisse jamais emporter par les sentiments qu'il feint d'éprouver, Artaud soutient que l'acteur est à ce point engagé dans l'action jouée qu'il ne fait qu'avec difficulté la différence entre la scène et la vie.

956 L'acteur parlant des spectateurs : « Ils m'écoutent et ils pensent ce que je dis ; ils me regardent et j'entre dans leur âme comme dans une maison vide. »

P. Claudel, *L'Échange*, 1893.

957 « Au théâtre, cher monsieur, ce ne sont pas les personnages qui jouent la comédie. Au théâtre, ce sont les acteurs qui la jouent. »

L. Pirandello,
Six Personnages en quête d'auteur, 1921.

Pirandello établit la différence entre personnages et comédiens. Le comédien joue la comédie, c'est-à-dire qu'il n'éprouve pas réellement ce qu'il semble éprouver. Le personnage, lui, ne joue pas la comédie : tout ce qui se passe est très sérieux pour lui et aussi réel que possible.

958 L'acteur : « Il rend plus réel et cependant moins vrai le personnage créé par l'écrivain, il lui ôte de sa vérité idéale, supérieure, à proportion de ce qu'il lui ajoute de vérité matérielle, ordinaire. »

L. Pirandello, *Id.*

Le personnage créé par l'écrivain est vrai mais il n'est pas réel. Il est vrai car son caractère est cohérent, ses actions obéissent à son caractère, et le tout est créé la plupart du temps par un écrivain possédant un monde intérieur très riche, dont il est conscient et qu'il livre avec sincérité. Mais il n'est pas réel car il ne respire pas, n'appartient pas à la vie réelle. L'acteur qui vient incarner le personnage lui donne plus de vie réelle, de réalité (il lui donne sa chair, ses poumons, ses mains, ses yeux, puisqu'il est, lui, un être de chair et d'os) mais il lui ôte un peu de cette vérité parfaite que possède tout personnage qui se contente d'avoir été imaginé. La vie réelle (la nôtre) s'oppose donc à la vie imaginaire (plus belle puisqu'elle ne se commet pas avec la matière, puisqu'elle peut éviter l'ordinaire, le banal, le quotidien, l'ennuyeux).

959 « Cette conscience que j'ai que chacun de nous se croit seul alors que c'est faux : il est cent, monsieur, il est mille. »

L. Pirandello, *Id.*

Pirandello donne ici une définition possible de l'art du comédien : le comédien se sent dans sa multiplicité profonde. Il sait qu'il enferme en lui de nombreux êtres humains différents à qui il désire donner la possibilité d'exister.

960 « On connaît des comédiens aigris, il n'en est pas de désillusionnés. »

Colette, *Paysages et Portraits*, 1958.

Le propre d'un comédien, c'est de se nourrir d'illusions, et ce, pendant toute sa vie, quelles que soient ses réussites ou ses échecs.

961 « Le sentiment de l'acteur, quand il joue la comédie est un sentiment généreux. Il faut éprouver pour les autres, pas pour soi. »

L. Jouvet, *Tragédie classique*
et Théâtre du XIXe *siècle*, 1968.

L'art du comédien est un art tout destiné aux autres. Nous ne pouvons imaginer que sans absurdité un comédien devant son miroir joue pour lui seul le monologue d'Hamlet ou la tirade de Cyrano.

962 « Le comédien digne de ce nom ne s'impose pas au texte. Il le sert. Et servilement. »

J. Vilar,
De la tradition théâtrale, 1963.

963 « Mais telle qu'est notre scène, il faudrait s'en servir sans rien d'ajouté, ni escaliers, ni praticables ou faciles effets de lumière, dans toute sa vérité et implacabilité. »

Copeau. Texte rédigé en vue d'une première organisation du Vieux-Colombier à la rentrée de la saison 1920-21.

Copeau désirait que la scène soit nue, dépouillée de tout artifice.

964 « Le dramaturge a un collaborateur que l'on oublie toujours, qui a peut-être autant d'importance que lui, c'est le public. »

A. Salacrou,
Théâtre, 1941.

965 « L'auteur, en quelque sorte, avec son texte, n'a laissé que la recette, une façon de faire. Et c'est chaque soir que la pièce se crée, d'ailleurs mieux ou moins bien chaque soir. »

A. Salacrou,
Théâtre, 1941.

966 « [...] Nous avons tout d'abord tenté de rendre à la scène une innocence. Nous l'avons dépouillée de ses faux prestiges et de quelques futilités. Nous avons dressé ce tréteau nu que l'imagination du poète devait transfigurer. »

Copeau. Texte rédigé à l'occasion du programme de tournée des Copiaus en Suisse, 1928.

La scène nue permet à l'auteur de donner libre cours à son imagination puisqu'il n'est plus tenu par des contraintes d'espace ou de décor, elle permet au spectateur de rêver des choses plus belles que celles qui pourraient être représentées, et enfin à l'acteur d'être plus exigeant envers lui-même : il n'a plus d'aide extérieure à lui, il ne peut se reposer sur l'illusion facile que peuvent donner les décors, mais doit tout seul créer l'illusion, et les décors, le climat...

967 « Personne, dans un théâtre, n'a moins d'importance que l'auteur de la pièce. »

T. Bernard,
Monsieur Codomat, 1907.

Lorsque le texte de la pièce est écrit, la pièce n'est pas encore achevée. Elle ne prend en effet tout son sens qu'une fois mise en scène. L'auteur alors disparaît pour laisser toute la place aux comédiens et au metteur en scène. Celui-ci peut très bien se trouver trahi dans ses opinions ou ses envies sans que personne ne s'en formalise.

968 « Toute mise en scène, qu'elle le dise ou non, est une lecture, c'est-à-dire un choix, une reconstruction, une réorganisation des sens que le texte tient dans ses mailles. »

D. Mesguich,
interview, *Lire*, février 1993.

969 « L'alexandrin classique épuise ouvertement toute la musique du langage, et c'est une indiscrétion [...] que de lui ajouter une musique secrète, qui viendrait de l'acteur et non des données en quelque sorte scientifiques du vers. »

R. Barthes,
Sur Racine, 1963.

970 « On peut dire à la limite que l'alexandrin dispense l'acteur d'avoir du talent. »

R. Barthes, *Id.*

971 « Un acteur racinien qui saurait ce que c'est que l'alexandrin n'aurait pas à le chanter : l'alexandrin chante tout seul si on le laisse libre, libre de manifester son essence d'alexandrin. »

R. Barthes, *Id.*

Les formes classiques de théâtre, comme les tragédies raciniennes écrites en alexandrin, n'ont pas besoin que l'acteur qui les interprète soit un grand virtuose : l'alexandrin est tellement musical, tellement beau en lui-même qu'il suffit de le prononcer simplement. Le jeu excessif des comédiens ne ferait que l'affaiblir en l'ornant inutilement.

972 « Ce qu'il faut chercher, atteindre, ce sont les moments où, dans la salle, se produit un précipité des sentiments où les spectateurs distincts et indifférents se transforment soudain en un être unique. »

L. Jouvet,
Témoignages sur le théâtre, 1952.

973 « Je ne crois pas à une pièce ni à une mise en scène qui ne sont pas conçues avec le sentiment et le désir de nous présenter un peu plus que ce que nos oreilles peuvent entendre, un peu plus que ce que nos yeux peuvent voir. »

L. Jouvet, *Id.*

> On ne fait pas de théâtre pour dire exactement aux spectateurs ce qu'ils désirent entendre. On ne fait pas de théâtre pour les amuser simplement. On fait du théâtre pour les bouleverser, pour les convaincre, pour les mettre en garde. On fait du théâtre pour devenir plus que des hommes et aider les autres à le devenir avec nous. On fait du théâtre pour vivre plus et pour donner plus aux autres.

974 « Si le texte ne sert pas à faire sursauter le spectateur sur sa chaise, à quoi sert-il ? »

A. Artaud,
Le Théâtre et son double, 1938.

4. Le fantastique

975 « Inspirer la terreur et la pitié. »

Aristote, *La Poétique*,
IVe siècle avant J.-C.

Le personnage dramatique doit émouvoir le spectateur : il tombe dans le malheur après une erreur commise et est digne de pitié. Il peut aussi émouvoir le spectateur en le terrorisant par l'ampleur de son malheur, par sa destinée surnaturelle, etc. Voilà peut-être le fondement de la science-fiction et des films terrifiants : le spectateur désire être ému et trembler.

976 « Je suis reconnaissant à quiconque me fait peur. »

J. Demme,
interview, 1991.

Nous éprouvons un réel plaisir devant les spectacles qui nous font peur. L'homme en effet aime que soit stimulée sa faculté de s'émouvoir. Lorsqu'il écoute le récit des malheurs des autres, et d'une façon plus directe lorsqu'il est mis en situation d'éprouver de la terreur, il est ému. La peur le saisit tout entier, le sort de lui-même, lui donne réellement l'impression d'exister autrement, ailleurs. C'est peut-être alors que l'art atteint pleinement son but. J. Demme prend ici la défense du film fantastique et du film d'horreur.

977 « Ce fantastique dont on s'aperçoit toujours plus qu'il est en réalité tout le réel. »

A. Artaud, *Sorcellerie et Cinéma*,
in *Œuvres complètes*, 1956.

Le réel est beaucoup plus vaste que nous ne l'imaginons : il contient même ce que nous pensons être du domaine de l'irréel et du fantastique. Le réel est fantastique, nous dit Antonin Artaud.

978 « Le réel et le surnaturel, c'est la même chose. »

H. Barbusse,
L'Enfer, 1908.

979 « Le fantastique suppose la solidité du monde réel, mais pour mieux la ravager. »

R. Caillois,
Images, 1974.

Pour faire une œuvre fantastique, l'artiste doit supposer un monde réel très solide, très logique, très construit : ainsi il pourra aisément le mettre à l'envers.

980 « La poésie, comme l'art est inséparable de la merveille. »

A.-P. de Mandiargues,
L' Âge de craie, 1961.

Du moment qu'il y a art, qu'il y a poésie, il y a merveille. La merveille est ce qui sort de l'ordinaire, est une chose étonnante ou impossible, donc fantastique. Partout où il y a poésie, il y a donc fantastique.

981 « Le merveilleux est toujours beau, n'importe quel merveilleux est beau, il n'y a même que le merveilleux qui soit beau. »

A. Breton,
Manifeste du surréalisme, 1924.

982 « Nous naissons, nous vivons, nous mourons au milieu du merveilleux. »

Napoléon,
Lettre à Joséphine.

5. Le comique

983 « Le comique n'atteindrait pas son but s'il portait la marque de la sympathie et de la bonté. »

H. Bergson,
Le Rire, 1900.

Le rire a pour fonction de se moquer des ridicules, il ne peut donc être issu d'un grand mouvement de générosité.

984 « Il n'y a pas de comique en dehors de ce qui est proprement humain. »

H. Bergson, *Id.*

Si le comique provient de la mise en scène des ridicules, les animaux par exemple ne peuvent jamais être comiques : ils ne sont pas ridicules. Le sentiment du ridicule naît chez l'homme du sentiment conscient qu'il faudrait agir d'une telle sorte alors qu'on ne le fait pas.

985 « Le rire châtie certains défauts à peu près comme la maladie châtie certains excès. »

H. Bergson, *Id.*

Lorsque nous avons fait preuve de gourmandise par exemple, une crise de foie peut venir corriger les excès commis. Le rire, comme une crise de foie, méchamment lui aussi, attaque les défauts humains.

986 « L'ironie est la pudeur de l'humanité. »

J. Renard,
Journal, 1892.

L'ironie nous permet d'exprimer avec élégance ce que nous n'osons peut-être pas dire de façon plus directe.

987 « On ne rit bien qu'en compagnie. »

Beaumarchais, *Essai sur le genre dramatique sérieux*, 1767.

988 « L'humour est une tentative pour décaper les grands sentiments de leur connerie. »

R. Queneau,
Les Œuvres complètes de Sally Mara, 1962.

Queneau pense que l'humour sert à attaquer le ridicule niché dans les grands sentiments comme l'amour, l'amitié. Le ridicule provient ici du peu de distance que l'homme prend par rapport à ces sentiments-là : ils sont inattaquables et ils en deviennent figés dans des valeurs jamais remises en question. Lorsque Sacha Guitry écrit par exemple : « Ce qui fait rester les femmes, c'est la peur qu'on soit tout de suite consolé de leur départ » (Le Nouveau Testament), il fait de l'humour aux dépens d'un grand sentiment, l'amour, dont l'une des valeurs reconnues est la fidélité.

989 « L'humoriste, c'est un homme de bonne mauvaise humeur. »

J. Renard, *Journal*, 1898.

L'humoriste de talent doit être de mauvaise humeur : il doit en vouloir suffisamment aux hommes mais sa mauvaise humeur doit le porter à rire (c'est une bonne mauvaise humeur), et non pas à pleurer ou à entrer en polémique.

990 « Humour : pudeur, jeu d'esprit. C'est la propreté morale et quotidienne de l'esprit. »

J. Renard, *Journal*, 1910.

L'humour exerce l'esprit (il est un jeu d'esprit) et l'entraîne à l'élégance et à la modestie. Il devrait, comme toute gymnastique hygiénique, être quotidien.

991 « Redouter l'ironie, c'est craindre la raison. »

S. Guitry, in *L'Esprit de Sacha Guitry*,
de J. Lorcey, 2000.

L'ironie est la voix de la raison, pense Sacha Guitry. Elle permet de dire, avec retenue et sans insister, les choses que nous pensons profondément.

992 « Je n'appelle pas gaieté ce qui excite le rire, mais un certain charme, un air agréable qu'on peut donner à toutes sortes de sujets, même les plus sérieux. »

La Fontaine, *Fables*, Préface, 1671.

993 « Je me presse de rire de tout de peur d'être obligé d'en pleurer. »

Beaumarchais,
Le Barbier de Séville, 1775.

994 « Il faut rire avant que d'être heureux, de peur de mourir sans avoir ri. »

La Bruyère, « Des Ouvrages de l'esprit »,
Les Caractères, 1688.

995 « La plus perdue de toutes les journées est celle où l'on n'a pas ri. »

N. Chamfort,
Maximes et pensées, 1803.

996 « Riez, mes enfants, riez ! ça n'a rien de tragique ! Dans cent ans, aucun de nous n'y pensera plus ! »

B. Vian, *Jazz Hot*,
in « *En verve* », 1974.

997 « Ris, si tu es sage. »

Martial, *Épigrammes*,
Ier siècle après J.-C.

998 « Rire est le propre de l'homme. »

Rabelais, *Gargantua*, 1534.

999 « Le rire est satanique. Il est donc profondément humain. »

Baudelaire,
De l'essence du rire, 1868.

1000 « L'humour, c'est de savoir que tout, absolument tout est drôle ; dès l'instant que c'est aux autres que cela arrive. »

M. Achard, Discours de réception
à l'Académie française, 1959.

Index des œuvres

M

Index des auteurs

D

E

F

G

H

TABLE DES MATIÈRES

3. GENRES

Pour l'édition 2008 :

Suivi éditorial
Raphaëlle MOUREY – Cécile QUINTARD

Maquette intérieure
Annie LE GALLOU

Couverture
Denis HOCH

Composition
SOFTWIN

Achevé d'imprimer en France par Laballery à Clamecy
N° éditeur : 10255097 - Dépôt légal : juin 2019 - N° impression : 904525

La Nouvelle Imprimerie Laballery est titulaire de la marque Imprim'Vert®